観光コースでない

シカゴ・イリノイ

ANOTHER CHICAGO & ILLINOIS

デイ多佳子
Day Takako

高文研

もくじ

Ⅱ シカゴの繁栄――「金ぴか時代」と「左翼のメッカ」

Ⅲ シカゴ 激動の二十世紀へ

カナダ
スペリオル湖
ミシガン湖
ヒューロン湖
セントローレンス川
ケベック
モントリオール
オタワ
トロント
オンタリオ湖
スコンシン
ミシガン
デトロイト
エリー湖
ニューヨーク
ボストン
大西洋
シカゴ
イリノイ
インディアナ
オハイオ
フィラデルフィア
ニューヨーク
スプリングフィールド
オハイオ川
ワシントン
ケンタッキー
ントルイス
テネシー
メンフィス
カン
モニー
ミシシッピ河
ミシシッピ
アラバマ
アトランタ
モンゴメリー
ジョージア
フロリダ
ニューオリンズ
メキシコ湾
マイアミ
①メーン
②ニューハンプシャー
③バーモント
④マサチューセッツ
⑤ロードアイランド
⑥コネティカット
⑦ニュージャージー
⑧ペンシルヴェニア
⑨デラウェア
⑩メリーランド
⑪ウェストバージニア
⑫バージニア
⑬ノースカロライナ
⑭サウスカロライナ

アメリカ合衆国関連略図
バンクーバー
ワシントン
シアトル
コロンビア川
ノースダコタ
モンタナ
ミネソタ
オレゴン
ネバダ
ワイオミング
サウスダコタ
ミズーリ川
ネブラスカ
ネバダ
ソルトレークシティ
サンフランシスコ
ユタ
コロラド
カンサス
カリフォルニア
コロラド川
ロサンゼルス
オクラホマ
サンディエゴ
ニューメキシコ
アリゾナ
ダラス
ブラゾス川
テキサス
リオグランデ川
太平洋
メキシコ

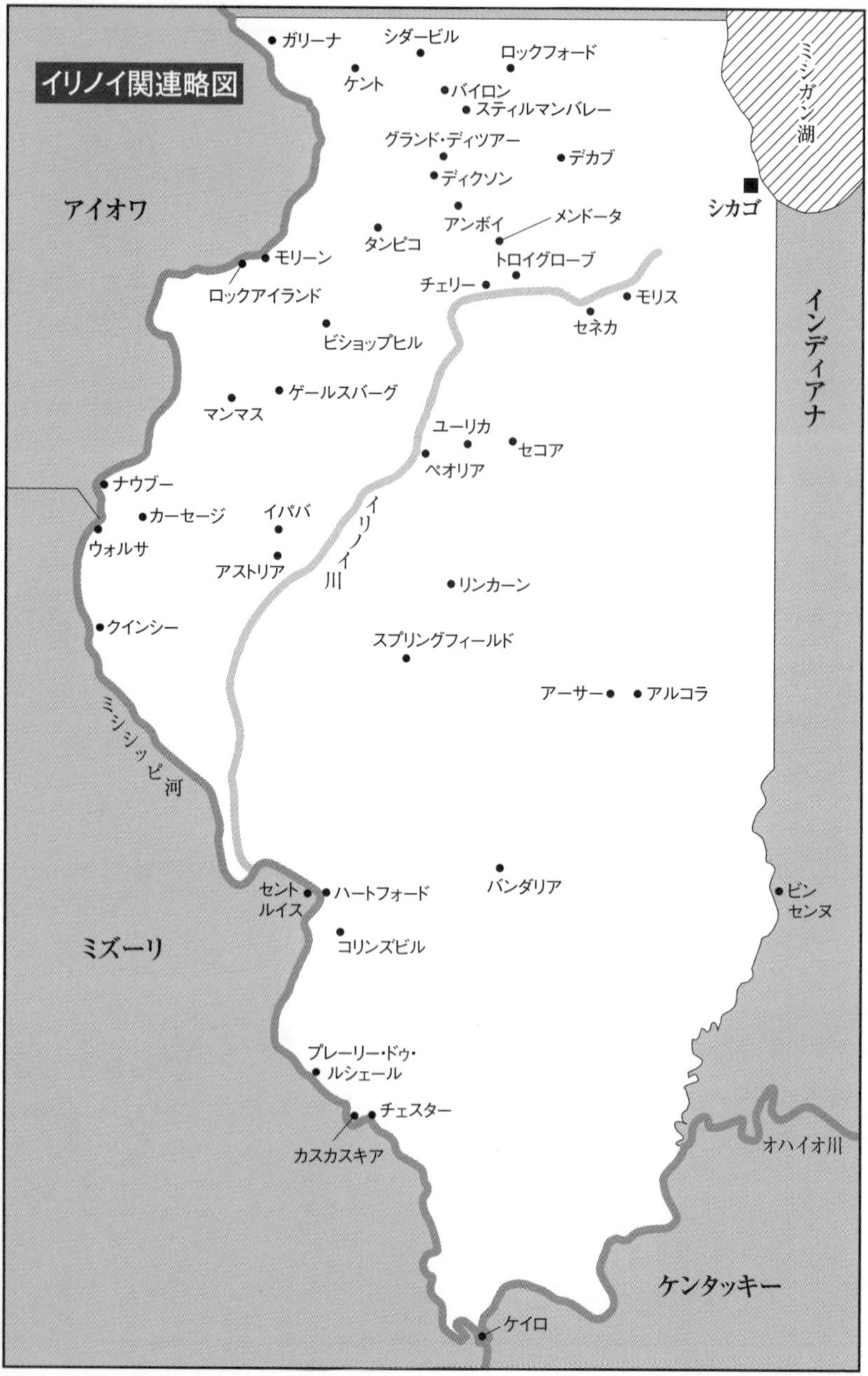
イリノイ関連略図
ガリーナ
シダービル
ロックフォード
ケント
バイロン
スティルマンバレー
グランド・ディツアー
デカブ
ディクソン
ミシガン湖
シカゴ
アイオワ
アンボイ
メンドータ
タンピコ
モリーン
トロイグローブ
ロックアイランド
チェリー
モリス
セネカ
ビショップヒル
インディアナ
ゲールスバーグ
マンマス
ユーリカ
セコア
ペオリア
ナウブー
カーセージ
イパバ
ウォルサ
アストリア
イリノイ川
リンカーン
クインシー
スプリングフィールド
アーサー
アルコラ
ミシシッピ河
バンダリア
セント
ルイス
ハートフォード
ビン
センヌ
ミズーリ
コリンズビル
プレーリー・ドゥ・
ルシェール
チェスター
カスカスキア
オハイオ川
ケンタッキー
ケイロ

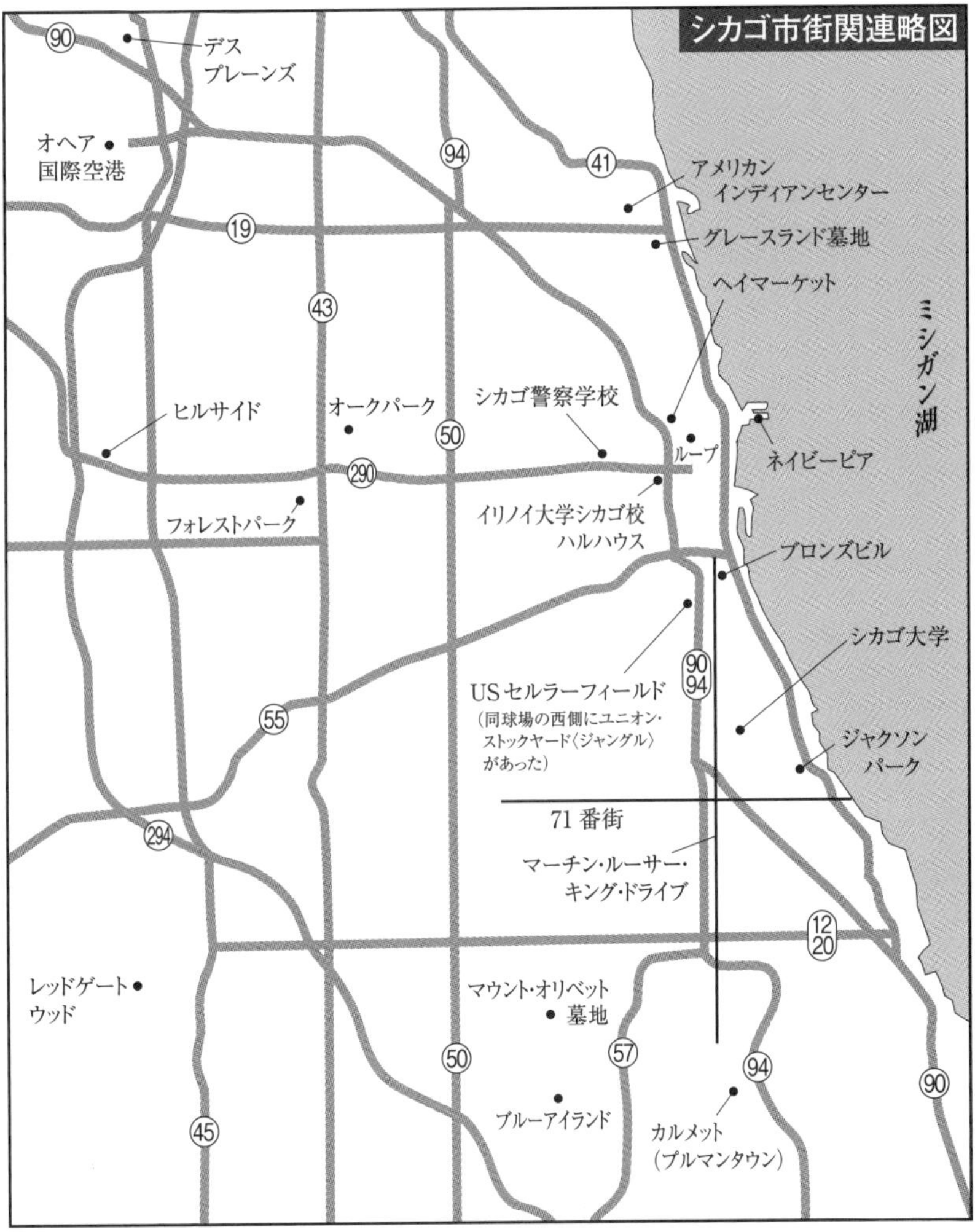
シカゴ市街関連略図
90
デス
プレーンズ
オヘア
国際空港
94
41
アメリカン
インディアンセンター
19
グレースランド墓地
ヘイマーケット
43
ミシガン湖
ヒルサイド
オークパーク
シカゴ警察学校
50
ループ
ネイビーピア
290
フォレストパーク
イリノイ大学シカゴ校
ハルハウス
ブロンズビル
シカゴ大学
90
94
USセルラーフィールド
（同球場の西側にユニオン・
ストックヤード〈ジャングル〉
があった）
55
ジャクソン
パーク
71番街
294
マーチン・ルーサー・
キング・ドライブ
12
20
レッドゲート
ウッド
マウント・オリベット
墓地
57
50
94
90
ブルーアイランド
45
カルメット
（プルマンタウン）

装丁＝商業デザインセンター・松田礼一
カバー写真・藤河信喜

はじめに

一九九九年八月、配偶者の仕事の都合で、アメリカ大西部コロラド州の北に位置する過疎の農業・牧畜州サウスダコタから、中西部イリノイ州に引っ越してきた。大都市シカゴを抱える州である。今私が住む町は、そのシカゴから西へ車で一時間、とうもろこし畑に囲まれた大学町デカブである。

私がデカブに移ると話すと、イリノイを知る友人たちは冷ややかな表情を見せた。

「デカブ。そんなところへ行くぐらいなら、サウスダコタにいた方がいいよ。シカゴの西なんてなんにもないんだから」

「シカゴ。あそこにあるのはシアーズタワーぐらいでしょ。何もないよ。やっぱりアメリカといえば、東と西海岸ですよ」

そうなんだろうか。一抹の不安がよぎった。

デカブに住むようになって一年ほど経ったころだ。ふと立ち止まると、カリフォルニアの友人たちの声がいやに胸につきささるのである。

本屋に行っても、地元イリノイについて書かれた本はあまり見当たらなかった。あっても、シカゴにちなんだ有名人の紹介や、文化・観光案内本が主である。

仕事にかまけている配偶者にイリノイについて意見を求めると、「イリノイなんてどこにでもあるただの農業州だよ。何にも面白いことなんてないよ」とそっけない。

そうなんだろうか。

二〇〇五年五月十日付地元紙『シカゴ・トリビューン』によると、シカゴを訪れる外国人旅行者のトップはイギリス人で、年間十七万人を数える。第二位が日本からで、年間八万人以上の観光客がやってくるが、それは第三位のドイツ人を二万人ほど引き離した数だ。

ところが、シカゴといえば、戦前から、在米日本人社会や日本に住む日本人のあいだでは、「ギャングと禁酒法の巷《ちまた》」程度のイメージでしか捉えられていなかったという（注）。

そのステレオタイプのイメージが現代にあっても生き続けていると、はっきりと身につまされたことがあった。二〇〇三年六月、シカゴで海外公演の口火を切った、日本からの有名なフォークグループのリーダーが、ショーが始まって開口一番、こう言ったのである。

「いやあ、シカゴといえば、アル・カポネのイメージしかなかったんですが、緑の多いきれいな町ですねえ」

シカゴですらこの調子なのである。ましてやシカゴを一歩離れたイリノイといえば、そこには何の変哲もない、ただのとうもろこしや大豆の畑が広がっているだけとイメージされても仕方はあるまい。

が、決してそうではないのである。イリノイは、アメリカそのものを動かすことになった、いくつもの歴史的事件に関わってきたなかなか面白いところなのである。なぜか。

それはイリノイが、五大湖の一つ、ミシガン湖と「トム・ソーヤの冒険」で知られるミシシッピ河にはさまれ、河川交通に恵まれてきたおかげで、昔から東西南北あらゆる方角から、人種、宗教、国籍を問わず、さまざまな多くの人々がこの地にやってきたからである。やがて鉄道が建設されると、シカゴは東と西を結ぶ重要な十字路となる。全米各地から集まってきた人間たちとともに、イリノイがたどった道は、アメリカ社会全体の発展の歴史に大きく関わってきたのである。

フランス人とアメリカ先住民が一体となって英国と戦った植民地時代、奴隷制議論を頂点にした南部伝統派と北部ヤンキーの対立の歴史、シカゴの経済的発展とその陰で生まれた社会主義的思想と理想、そして、なかなか答えが出ないさまざまな問題を抱えながらも、たゆまなく変わり続ける現代イリノイ――イリノイの広大なとうもろこし畑の風景の向こうに、相反する価値観がふつふつとたぎり、時には巨大な、ダイナミックなエネルギーとなって、アメリカ社会を静かに、しかし確実に動かしてきたのである。観光都市シカゴの、市内のいくつかの観光名所だけがやたらと注目されがちなイリノイだが、イリノイの特徴、性格や本当の魅力は、シカゴとその外に広がるさまざまな重層的な〝顔〟から生まれている、と私はつくづく思う。そして、その重層的な顔にこそ、世界の超大国アメリカの本当の姿が浮かんでいるのである。

本屋にイリノイに関する本があまり見当たらないとなると、自分の足で調べるしかない。縁あって住むことになったイリノイでの時間を大切にし、自分自身と有機的につながることで人生を楽しみたい——イリノイでの最初の一年が過ぎると、私はそんな思いにとらわれていた。


一九八六年に渡米した私の在米生活も、いよいよ二十二年目に突入した。誰もが知っているような太平洋岸のサンフランシスコから、アメリカ人ですら知らない大西部、内陸の孤島サウスダコタ、そしてさらに中西部ハートランド（中核地帯）のイリノイと、東へ東へとアメリカを移動してきた。が、それでも、大国アメリカの本当の顔はまだまだ広く知られていないし、知ることもままならない、という感覚が私を支配する。

アメリカの本当の顔とは、ニューヨークやワシントン、ロサンゼルスといった大都会に住む一部のエリートたちが世界中に向けて発信する情報や、日本からやってきた一時的滞在者が面白おかしく語る表面的なアメリカ情報とは、まったく異なっていると私は思う。

アメリカという国の真実は、実は、誰も気にもとめない小さなコミュニティの盛衰に、象徴的に隠されているように私には思われてならない。東海岸や西海岸からの〝華々しく〟も単細胞的なアメリカ情報からは、一見、見放されたかのようなイリノイ。だが、そこにかつて生きた凡庸《ぼんよう》なイリノイ人の姿を見つめることは、アメリカを、そしてアメリカ人をより深く知る足がかりになることは確かだろう。

小さな無名のコミュニティに生きた、パイオニアたちの強固な意志と心意気は、地元で生活する者だけが知ることができよう。しかし、名もなき彼らの熱い思い、理想の人間社会をめざしたそのエネルギーこそが、時空をこえて人々の心を打ち、つないでいくことができる――これは私の、たとえ人生のほんのわずかな時間でも、イリノイを生きた人々に捧げる、アメリカ・ハートランド讃歌である。

(注) 伊藤一男著『シカゴ日系百年史』(シカゴ日系人会) 四ページ

Ⅰ 大火の廃墟から立ち上がった町シカゴ

氷漂う早春のミシガン湖畔をジョギングする人。ミシガン湖は12月から３月あたりまで結氷がみられる（撮影・高橋邦典）

※シカゴ・イリノイは「アメリカの顔」

イリノイ州は、五大湖の一つ、ミシガン湖の南西に位置し、面積約十五万平方キロ、これは日本の総面積約三十八万平方キロの四十パーセントにあたる。州の東から南はインディアナ州、北はウィスコンシン州、西から南はアイオワ、ミズーリ、ケンタッキー州に囲まれた人口約一千三百万人の農業州である。北境以外の州境はすべて川であることが、イリノイ史に多大な影響を及ぼしたユニークな特徴だろう。

イリノイの成長は、一八一八年、州に昇格するときに、州の北端をミシガン湖の南端とせず、そこから約六十四キロほど北にずらすことで、ミシガン湖の湖岸とシカゴ川からイリノイ川までをつなぐ水路を確保したおかげである。湖と川はアメリカ経済の発展に重要な役割を果たし、それがそのままイリノイの発展に大きく貢献した。

人口統計学的には、イリノイ州は「アメリカの顔」とされる。人種、年齢、所得、教育程度、産業構成、移民、そして都市と農村の比率など二十一項目において、その値がほぼ全米平均に近いからである。

シカゴは、そのイリノイ州の北東部にあって、ミシガン湖に面している。人口三百万人近く、全米第三位の大都市で、世界一忙しいオヘア国際空港を擁する大商工業圏の中心地である。

シカゴ市の中心にはシカゴ川が流れ、ミシガン湖につながっている。シカゴは川岸にはじまった街で、川を境界線にして、それぞれ特色ある地区を形成している。まず川の南は、ループと呼ばれるビジネス街である。ループ（環状線）とは、六つの地下鉄路線が集まってきて作る長方形の路線図の通称で、南北八ブロック、東西五ブロックほどの大きさである。このループ内にシカゴ美術館やシビックオペラ、シアーズタワー、先物取引所ビルなど、シカゴを彩る有名な建物が集まっている。ループの南、湖畔沿いには自然史博物館や水族館が、さらに南に行くと科学産業博物館や、一八九〇年、ジョン・ロックフェラーが創立した名門シカゴ大学のあるハイドパーク地区がある。ループから車で三十分ほどの距離である。

シカゴ大学周辺を含むシカゴ市南部は、黒人集中地区でもある。住む人もなく見捨てられ、荒廃し、風雨にさらされた無人のアパート群を見慣れてしまうと、北のループは同じシカゴ市内とは思えない。二つは混じりあうことのない、全く別の世界となる。

ループからシカゴ川を北に渡ると、マグニフィセント・マイル（magnificent mile）と呼ばれ、高級ブランド店が軒を並べるショッピング街――ノースミシガン・アベニューや、シカゴ最大の歓楽街とされるリバーノース地区、湖畔のビーチを見下ろす高級高層住宅地区――ゴールドコースト、そして動物園や植物園など、娯楽施設が充実したリンカーンパークが広がっている。ミシガン湖と、南北に流れるシカゴ川支流にはさまれて発展したシカゴを、地下鉄やバス、郊外電車などが縦横に走る。

イリノイ州に進出している日本企業は約六百五十社。そのうちの八割以上がシカゴ市内もしくは近郊に集中している。東京にあるイリノイ州政府駐日事務所の山田代表によると、企業のシカゴ進出の利点は、シカゴが全米の交通の要衝・物流の拠点であり、あらゆる産業の集積地となって、優れた労働力が容易に確保できること、生活環境が優れていることなどだという。

アメリカの全輸出総額のうち、イリノイ州が占める割合は約五パーセント、テキサス州やカリフォルニア州に次いで、五本の指に入る額である。イリノイ州の主な輸出先はカナダ、メキシコ、英国で、日本は第四位である。品目は、コンピューターや電子機器、工作機械に化学製品などが輸出量の五〇パーセントを占めている。また姉妹都市交流も盛んで、イリノイ州の市町村と交流のある日本の地方自治体は、北は北海道から南は宮崎県まで八カ所にのぼっている。

シカゴ市旗（４つの星）と星条旗
（撮影・藤河信喜）

シカゴ川を往来する観光遊覧船（撮影・藤河信喜）

シカゴ、シカゴ……。二〇〇三年に六部門でアカデミー賞を獲得した映画のタイトルをそっと口にすれば、さまざまなシカゴの顔が浮かんでくる。全米一高いシアーズタワーや、雲のそばで食事ができるレストランのあるハンコックセンター、装飾の美しいトリビューンビルなど、シカゴ川にその優美かつ斬新な姿を映す数々の摩天楼群と、その摩天楼のはざまで、世界中からやってくる観光客が笑いさざめく華やかなミシガンアベニュー、街角にさりげなく展示され、都会の風景の一部となったピカソやマチス、シャガールなど世界的芸術家たちの作品群、その陰でトレーダーたちがしのぎを削り、世界の相場を動かす先物金融・商品取引所。全米有数の美術館に博物館、シビックオペラにシカゴ・シンフォニー。日本人学者浅田栄次が大学初の博士号を取得した名門シカゴ大学。

シカゴに来たばかりの友人が言ったものだ、「ねえ、私、シカゴのビーチで泳いでみたいんだけど……。摩天楼を見上げながら泳ぐって、なあんかすごくしゃれてるじゃない」。

気温が三十五度近くまで上がった暑い夏の午後、まるで氷水のように肌に突きささる湖水は、体からすべての熱気を吸い取り、すっきりとした清涼感だけを膚《はだ》に残す。ああ、気持ちいい。その一方で、気温零下二十度、体感温度零下五十度まで落ちる凍てついた真冬には、厚い氷に閉ざされてしまうミシガン湖……。アメリカ東部にも似た洗練さをもつ一方で、中西部特有の、地に足のついたおおらかな泥臭さ……大都市の光と影……ああ、シカゴ、シカゴ……。

※シカゴにやってきた日本人

シカゴが急成長を遂げたのは、一八七一年の大火事のあとである。三十六時間あまりも燃え続け、市の中心部を焼き尽くし、十万人以上が家を無くしたという大惨事である。が、物事はすべて両刃の剣で、その大惨事のおかげで、その後シカゴでは建設ブームが起き、のちの経済的繁栄の基となった。

この大火のすぐあとの一八七二（明治五）年に、日本からワシントンＤＣに向かう途中の岩倉具視《ともみ》使節団がシカゴを訪れ、見舞金として五千ドルを寄付した。現在の貨幣価値に直すと、約五千万円

ループの南側から見たシカゴスカイライン。左にシアーズタワー（一番高い建物）が見える（撮影・藤河信喜）

の大金である。そして、いよいよ「日本」と「日本人」がイリノイ史に公に登場するようになる。

一八八〇年の国勢調査によると、アメリカ本土の在留日本人百四十八人のうち、イリノイ州にいたのはわずか三人だけだった（注一）。一八八五年、当時、農商務省工務局商標登録所長で、専売特許所長も兼務していた高橋是清《これきよ》が、欧米の商標登録専売特許制度視察旅行の途中にシカゴに二泊、一八九〇年には化学者の高峰譲吉が、イリノイ中部ペオリアで、ビールや日本酒を製造したという記録を残している（注二）。

大火によって、シカゴがいったん廃墟と化してから二十年が経った一八九三年、シカゴの面目をかけてひらかれたのが、世界コロンビア博覧会である。コロンブスの新大陸到達四百年を記念して、一八九三年五月一日からの半年間、シカゴ南部のジャクソンパークで開かれた。興奮の渦とともにはじまり、半年間で入場者は二千七百万人を数えた。全米人口が六千五百万人だった時代にである。

明治日本も五十万ドルを投じてこの博覧会に参加、宇治平等院にある鳳凰堂を模したパビリオンを建設した。有名な建築家、フランク・ロイド・ライトが日本の建築文化に目覚めたのも、この博覧会だと言われている。

博覧会が終わったあとも、シカゴを去らなかった日本人がいた。博覧会での一儲けを目当てにカリフォルニアからやってきた日本人もいた。シカゴの日系人社会が生まれたのもこの時代らしい。シカゴに日本領事館が設置されたのが一八九七年、九九年には仏教哲学者の鈴木大拙《だいせつ》が、一九〇二年には伊藤博文、一九〇五年には永井荷風がシカゴを訪れ、シカゴの印象を文章に残している。

〝世界初〟の発明品が多いのがシカゴの特徴の一つである。このコロンビア博覧会でも〝世界初〟が生まれている。

※世界で初めて観覧車を作った発明家、ジョージ・フェリス

シカゴの観光名所の一つは、ミシガン湖岸のネイビーピアである。年間入場者数八百万人を超え、劇場や博物館、レストランにバー、ショッピング街、遊園地・遊覧船と、大人から子どもまでが休みの一日を思いっきり楽しめるようになっている。

シカゴの観光名所の一つ、ネイビーピアにある現在の観覧車

その遊園地の真ん中に、直径四二・七メートル、高さ四五・八メートルの観覧車がある。高所恐怖症の私だが、一度だけなら、と思いきって乗ってみた。ゴンドラはゆらゆらと揺れながら、少しずつ高度をあげていく。真下のネイビーピアがみるみる小さくなり、シカゴの高層建築群もはるかかなたになった。と同時に、目の前にせりあがってきたのが、広大な海のような湖と青い空である。ゴンドラの外が青一色におおわれたとき、私はもう顔をあげている勇気はなかった。固く目を閉じ、ひたすらうつむいて、早く降ろしてえ、と心の中で叫んでいた。この日は、たまたま風のない、気持ちのいい日だったからいいものの、湖からシカゴ特有の突風が吹く日は、ゴンドラはどんなに揺れただろう、そう想像するだけで、地に足をつけたあとでも、思わず身が縮こまった。

ネイビーピアの観覧車の原型は、ジョージ・フェリスが作ったフェリス観覧車である。シカゴ市南部、現在はシカゴ大学の敷地内にある、ミッドウェー・プレザンスと呼ばれる細長い広場は、かつてコロンビア博覧会会場の一角だった。そこに、博覧会の超目玉アトラクション、フェリス観覧車が作られた。

一八九三年六月十六日夕方六時十五分、フェリス観覧車の千馬力のエンジンが、ゆっくりと動きはじめた。長方形の車両にも似た最初のゴンドラが昇降口に到着すると、シャンペーンとシガーの、大きな二つの箱が積み込まれた。それから招待客が乗り込んだ。ある者は好奇心に胸をおどらせ、ある者はかなりおびえた表情をしていた。次のゴンドラにも客が乗り込み、六時三十二分、ゴンドラはゆっくりと地上を離れた。

頂上まで四分の一ほどあがったところで、観覧車はいったん停止。客たちは息をのみ、互いの顔を見合わせて、おずおずと作り笑いをした。下を見ると、ちょうどオーストリア村のアトラクションの真上である。と、突然エンジンが再び動きだした。人々は安堵の表情を見せた。観覧車はさらに上昇、だんだん胆《きも》がすわっていく人もいれば、ますますおじけづいていく人もいる。観覧車は約十五分かけて半周した。地上約八十二メートルの頂上に達した時、再びエンジンが止まって、客たちにシャンペーンがふるまわれた。

揺れるゴンドラの中で、小柄な女性が穏やかな声で夫の健康と観覧車の成功を祝い、グラスを飲み干した。ジョージ・フェリス夫人である。フェリス夫人の黒い瞳は輝き、ほおは赤く、霧を含む湖の風は彼女の黒い巻毛を揺らした。ということは、窓でも開いていたのだろうか。まさか。私は

1893年当時のフェリス観覧車。長方形のゴンドラがよくわかる。

資料を読みながら、ますます身をすくめる。

眼下には、シカゴの近代的な風景が広がり、真下の博覧会会場からは異国の音楽が聞こえてくる。人々は夕陽を浴びながら歓声をあげ、ワインを飲んで、世界初のフェリス観覧車からのシカゴの景色を楽しんだ。

それから一カ月ほど経った七月のある日、シカゴは大風だった。発明者ジョージ・フェリスは、妻とレポーターを乗せて、観覧車の頂上にいた。その時のことをレポーターは次のように書く。「風が吹くと、風の音で何も聞こえなくなった。窓はものすごい勢いで揺れた。が、設計者は観覧車を信じきっていた。そして、フェリス夫人は夫を信じきっていた。しかし、レポーターは、あの瞬間、神も人間も信じなかった」（注三）。

ジョージ・フェリス、一八五九年、イリノイ西部ゲールスバーグ生まれ。エンジニアとして成功していたフェリスは、周囲の猛反対を押し切り、まるでとりつかれたようにして観覧車を発明した。ゴンドラ一台に、四十の椅子と二十人分の立ち見スペースがある大きなもので、ゴンドラは全部で三十六個、一度に二千百人もの人間が乗ることができた。客を全員乗せるのに二十分はかかった。

二十六階建ての建物の高さに匹敵し、パリのエッフェル塔より高い観覧車は、まわりの建物を圧倒した。博覧会の会期中、観覧車は事故もなく動き続け、ピーク時には一日に三万八千人が乗ったという。が、製造・搬送コストが高くつきすぎ、結局フェリスにとっては儲けにならない事業に終わった。

一九〇六年に、ダイナマイトによって鉄くずと化した観覧車だが、その末路を見届けることなくフェリスは、博覧会のわずか三年後の一八九六年十一月、ピッツバーグのホテルで一人寂しく死んでいる。観覧車に自分と人生を賭して、わずか三十七歳で燃え尽き、自殺とまで噂された。

フェリスの死から百十年、現代を見回してみると……テキサススターだの、日本は福岡のスカイドリームだの、イギリスのロンドンアイだの、そしてシンガポールと、フェリスの観覧車は今も生き続けている。それもなぜだか少しでも高く、大きくと世界一を競いたがる。高所恐怖症の私にはまったく理解不能な、フェリスの執念が今も息づき、そしてこれからも生き続けるのだろう。

※帝国ホテル中央玄関の設計者、建築家フランク・ロイド・ライト

コロンビア博覧会で日本文化にめざめたとされる建築家フランク・ロイド・ライト。彼が、日米両国に五百以上もの作品を残したことはよく知られている。その一つ、関東大震災直前の一九二三（大正一二）年、東京で完成した帝国ホテルの中央玄関部分を、愛知県犬山市にある明治村で見た。

感想は……やっぱり重たい。

シカゴ大学のキャンパスにあるロビー邸と、イリノイ州都スプリングフィールドにあるダナ・トーマス邸を訪ねたことがある。邸宅ツアーはまるで迷路ごっこだった。ツアーを無事に終えて、外に出、陽光を浴びたあの瞬間、誰かに、どうだった、と感想を尋ねられていれば、私は躊躇《ちゅうちょ》なく答えただろう、そりゃもう美しいけれど、住みたくないね、と。住むには、大きすぎるというよりは重すぎるのである。一体どんな人が、こんな床から天井まで重厚で、息がつまりそうな家に住んでいたのだろう。造りもさることながら、なにせ天井が低いのである。なぜか。ロビー邸を案内してくれたガイドが言うには、ライトの背が低かったから、である。自分が小柄だと、自分が思うままに支配できる空間も自然と小さくなるというわけで、家の天井が低くなるというのである。加えて、ライトが作りつけの家具までデザインしたのも、いろいろな家具をあちこちに置かれるのがいやだったからだという。自分だけの完璧な空間をめざしたのだろう。

イリノイ州の北、ウィスコンシン州で生まれたライトがシカゴに出てきたのは一八八七年、ライト二十歳の時である。以後、二十年ほどイリノイとの関係が続く。そのためイリノイ各地、とりわけ北部の主な町の多くに、ライト設計の建物がある。一説には百以上もあるという。オーロラ、バタビア、ベルビディア、シカゴ、エバンストン、ジニーバ、グレンコー、ロックフォード……。結婚して家とスタジオを建てた、シカゴ近郊のオークパーク市は、二十五のライト作品が残され、「ライトの街」としてよく知られた観光地である。

オークパークの邸宅群は、ライトの家以外はすべて個人所有で、現在も人が住んでいる。ライトの名ゆえに家の価値は高いのだろうが、老朽化すると、個人の手には負えなくなるほどの修理費がかかる。だから、手放して自治体に寄贈しよう、とする家も出てくるようだ。自治体のほうも、観光振興の目玉になるから、保存したいのはやまやまだが、維持費の捻出が……といった状況がよく

フランク・ロイド・ライトが設計した建物。日本の帝国ホテル中央玄関（写真上／愛知県犬山市・明治村）、シカゴ大学キャンパス内に残るロビー邸（写真中）、イリノイ州スプリングフィールドのダナ・トーマス邸（写真下）

メディアで紹介される。有難いというよりは、やっかいものの感もあるようなライトの家、が今日の現実ではないだろうか。

※ノーベル賞作家アーネスト・ヘミングウェイの苦悩

そのオークパークの町で生まれた、日本人もよく知るもう一人の有名人がいる。簡潔な文体で、行動派・ハードボイルド文学の原点とされ、第一次大戦や、スペイン内戦での経験をもとにした「誰がために鐘は鳴る」や「武器よさらば」、「老人と海」といった小説を数多く発表、一九五四年にノーベル文学賞を受賞した作家、アーネスト・ヘミングウェイである。

世紀の変わり目、変革の時代にヘミングウェイは生まれた。当時のオークパークは、大都市シカゴの「腐敗」から逃れ、「健全」をめざした人々が作った小さな村だった。一八七二年に村議会で飲酒禁止の条例を通し、それから百年ものあいだ、その条例が生きていたという非常に保守的な町である。

この超保守的な町で、「恋多き男」フランク・ロイド・ライトはダブル不倫騒動をおこして、ヨーロッパへ逃避行し、イリノイを去った。

町が、たぶんライトの噂でもちきりだったころ、ヘミングウェイは小学生である。が、のちに小説「日はまた昇る」を「堕落している」と批判した母親に、次のように書き送っている。

オークパークに残る、ヘミングウェイの少年時代の家

「オークパークで表向きは上品に装っていても、閉まったドアの向こうで、言ってることとは全く反対のことをしている人間以上に不快なものだとは思わない」

早熟のヘミングウェイのこと、大人たちの偽善の匂いだけはしっかりと嗅いでいたに違いない。

ヘミングウェイの三番目の妻だったマーサ・ゲルホーンは、離婚したあと何年かしてはじめて、女友達といっしょにオークパークを訪ねた。そして、ヘミングウェイの少年時代の家の前にやって来た。三階建てで寝室八つの大きな家である。二人はしばらく家を眺めていたが、やっとマーサが口を開いて言った、「あの糞野郎、自分はスラムで育ったって言ってたくせに」(注四)。

今、この少年時代の家は、どうやら学生のような若い人たちの下宿・アパートになっているらしい。私が訪ねた時は、家のポーチに乳母車を置き、若い男性が子守をしていた。

現代の感覚からしても、立派な邸宅である。邸宅の外壁に深い陰を落としながら、青々と生い茂る木々も、ヘミングウェイが少年だった頃は、植えたばかりの若木だったに違いない。ヘミングウェイの部屋は三階にあったと読んだ。当時のオークパークは村である。三階の窓は見晴らしがよかったに違いない。四方見渡す限り、えんえんと広がっていただろうとうもろこし畑を見ながら、ヘミングウェイは何を考えたのだろう。ここからなんとかして逃げ出さねば、ではなかったろうか。彼はオークパークが大嫌いだったのである（注五）。が、それだけにいつも、故郷の人間が自分のことをどう思っているかは気にしていたらしい（注六）。

ヘミングウェイが育った家庭は、オークパークで最初に電気が通ったという名家である。今はもう現存しない父方の家の写真が残されている。少年時代の家どころではない。シカゴにある博物館のような、堂々たる四階建ての大邸宅である。この大邸宅のはす向かいに住んでいたのが、ヘミングウェイの母親となるグレース・ホールだった。二人は一八九六年に結婚、六人の子供が生まれた。二人目の子供、長男ヘミングウェイが生まれたのは一八九九年のことである。

この母方の実家が今、ヘミングウェイの生家として一般に公開されている。三階建てのこじんまりとした家である。

ニューヨークで、声楽の勉強をした母親グレースは、家事の才能がまったくなく、家のことはすべて他人任せだった。家政婦を雇えるようなキャリアウーマンになれ、と母親からしつけられたという。当時にすればかなりリベラルである。ふくよかで、かつ気が強そうな顔立ちの写真が、ピアノの上に飾られていた。グレースは、家でピアノやバイオリンを弾き、子供たちに歌を教え、コミュニティ活動や女性参政権運動にも熱心に関わった。伝統的な男女役割分担に抵抗する女性だった。

しかも、単にリベラルというよりは、かなり支配欲が強い女性だったようだ。双子がほしかったのに授からなかったからと、ヘミングウェイに姉と同じ女装をさせたり、姉マーセリンには弟のズボンをはかせたりと、これは、今風に言うと、ハラスメントか虐待に近かろう。

現在、ヘミングウェイの生家として公開されている、母方の実家

一方、父親のクラーレンスは医者で、ダンスや音楽はだめ、たばこもだめ、許されるのは適度の飲酒だけという〝かたぶつ〟ヘミングウェイ家の伝統をひきついでいた。神経質そうな鋭い視線の持ち主である。台所に足を踏みいれることはほとんどなかった妻に代わって、彼が、

自分で釣ってきた魚や、殺した獲物の調理を監督したという。

父方の祖父は、南北戦争で黒人部隊を指揮した人で、戦争とは冒険に満ちあふれ、英雄伝と自己犠牲が絡み合った尊いものと家族に教えたのに対し、母方の祖父は、南北戦争で負傷し、敵の捕虜となった経験から、戦争を嫌い、安易に語るものではないと家族に話していた。

家の中を案内してくれたガイドは、この家はにぎやかで、すばらしい家庭だったと誇らしげだ。訪問客や父親を待つ患者であふれ、いつも音楽が聞こえていた、とにこやかに話す。ヘミングウェイは、父親とは西へ出かけて狩猟や釣りを楽しみ、母親とは東のシカゴでコンサートや美術を鑑賞、自然科学の知識から芸術まで、すばらしい知性と才能を両親から受け継いだ、とほめたたえた。しかし、はたしてそれほどまで両極端の価値観にとりかこまれたとなると、ヘミングウェイは何やら身のおきどころがないというか、自分はどうしたらいいのだろう、と混乱しはしなかったのだろうか。ヘミングウェイがマッチョの行動派というのは、実は単なる偶像であり、ほんとは自身の女性性を隠すためだったのでは、という両性具有願望説が生まれている（注七）というのも、一因はこの家にあるような気が私にはするのだが。

※どうすればいいライターになれるか——ヘミングウェイ流

ヘミングウェイは、このオークパークで人生最初の十八年を過ごした。自動車、電気・電話、ラジオ、映画、そして飛行機と新しい技術が発明され、社会が大変化を遂げようとする時代にあって、両親は、息子に旧時代の価値観を教えようとした。十八になるまで、酒・たばこ、ビリヤード、車はだめ、家には門限があり、夏は、祖父が所有するミシガンの農場で枯れ草を集めたり、じゃがいもを収穫して働くという、プロテスタントの厳しい労働倫理に支配された生活を送った。

高校時代までのヘミングウェイは、学校新聞に記事を書いたりしたが、まったく目立たぬ存在だった。息のつまるような日常をじっと我慢してやり過ごし、「その時」が来るのを息をひそめて待っていたに違いない。

「その時」とは、一九一七年の高校卒業である。同級生が全員大学に進学したのを横目に、カンサス州の新聞社で働きはじめた。半年で仕事を辞めると、第一次大戦のイタリア戦線に従軍・負傷、傷を癒《いや》して、一九一九年に一度オークパークに戻ってくる。が、次の年からカナダのトロントやシカゴで仕事をはじめ、翌二十一年、二十二歳の時に、八つ年上でピアニストの女性と結婚するという早熟ぶりである。そして結婚後、妻とパリに旅立つと、ヘミングウェイは、生涯二度とオークパークには戻ってこなかった。自分の小説の中でも、オークパークやそこの人々を題材にすることは決してなかった。

一九二三年には最初の短編集を発表している。のちに、若い書き手に、どうすればいいライターになれるか、と尋ねられて、不幸な子供時代、と答えるぐらい、ヘミングウェイは心底オークパー

オークパークのモニュメントに刻まれたヘミングウェイの名前（上から6行目）

クを嫌い、支配と権威の偽善にあふれた生活を軽蔑していた（注八）。以後、飲酒、離婚、教会からの離脱と、親からたたきこまれた価値観にことごとく反発していく。ヘミングウェイにとってイリノイ時代とは、何をしたらいいかわからぬ模索の青春時代というよりは、のちの制作意欲を生みだす黒々と鬱積《うっせき》したエネルギーを全身に、静かにみなぎらせていく時代だったようだ。

とりわけ支配的な母親を嫌ったらしい。が、そのくせ彼が求めた女たちは、看護婦にピアニスト、ジャーナリストと母親のように知的なキャリアウーマンばかりだった。しかも、母親を求めるかのようにみんな年上だから、父と息子のエディプス・コンプレックスもさることながら、母親と息子の確執もむずかしいものだ。

大嫌いで逃げ出したオークパークの町だが、ヘミングウェイは消し去ることのできない足跡を残している。ダウンタウンから少し北にはずれた公園に、地元から第一次大戦に従軍した兵士を称えるモニュメントが立っている。モニュメントの礎石の四方に銅板がはめこまれ、その中の一つに、はっきりとHemingway E.Mの名前が刻み込まれていた。どんなに望んでも、ヘミングウェイはオークパークからは逃れられない。なぜなら、ヘミングウェイを育てたのは、「不幸な子供時代」のオークパークだからである。

南北戦争後、イリノイに急激な工業化と繁栄が訪れる。一八六二年のホームステッド法（自作農場法）と鉄道の発達により、大量の人と物資が、ミシシッピ河を越えた西方に運ばれるようになったからである。一八六九年には、最初の大陸横断鉄道が開通。おかげで、未知の大西部はシカゴの巨大市場となった。

東西南北、全米にはりめぐらされた二十の鉄道会社のハブとなったシカゴ。東部の既存市場と、西部の未知の大市場をターゲットにする、商業や製造業がおおいに栄えた。二〇世紀直前には、すでに人口は百万人を突破、ニューヨークにつぐ全米第二位の富の蓄積を謳歌する大都市に成長した。全米一のスピードを誇ったシカゴの急激な発展は、世界各国から流入した移民たちが支えた。

「ゴー・ウエスト！（Go West! 西へ向かえ）」を合言葉に、シカゴには可能性が満ちあふれていた。東部からやってきたヤンキーたちは、創意工夫を凝らし、新奇なものを発明・生産して、巨万の富を築いた。そしてアメリカを世界最大の工業国家に変えた。

※岩倉具視使節団も乗った〝鉄道王〟プルマンの寝台車

一八七二年二月、岩倉具視《ともみ》視察団は、サンフランシスコからワシントンに向けて大陸横断の旅に出るが、そのときはじめて寝台車に乗った。

豪華寝台列車「スリピンカール」に目を見張る思いだったという。車両の真ん中を通路にして、両側を六つの小部屋に仕切り、一部屋に二人、一車両二四人乗り、トイレや洗面台があり、昼は小部屋の中央にテーブルを出し、本を読んだり書いたりし、夜は椅子をベッドにし……はなはだ便利で、調度も豪華……。

「スリピンカール」を発明したのは、ニューヨーク州出身のジョージ・プルマンである。鉄道がこれからの経済を支配し、富を蓄積できると読んでいた。

プルマンがシカゴに出てきたのは一八五九年。建物を動かす一種の引っ越し屋だった。「動き、運ぶ」ものが好きだったに違いない。まもなく普通列車を改造しはじめ、「オールド・ナンバー・ナイン」という最初の寝台車を作ったのが同じ一八五九年。

寝台車の人気が出たのは、一八六五年春、プルマンの寝台車「パイオニア」がリンカーンの遺体を、ニューヨークからイリノイの州都スプリングフィールドまで運んだからである。以後、プルマンの寝台車が全米に知られるようになっていく。

一八六七年、三六歳だったジョージ・プルマンは、シカゴにプルマン・パレスカー・カンパニーを設立、いよいよ本格的に「パレス」（宮殿）と呼ばれるに値する、豪華寝台車の製造に乗り出していった。車内で調理できるグルメ・ダイニングカーもあった。テーブルに出される瀟洒《しょうしゃ》な花柄の食器すべてにはプルマンの名が入り、もちろんナイフやフォークは銀製である。頭上にはシャンデリアが輝き、ランプシェードは絹製、皮張りの椅子、冷暖房完備だった。ゆったりとした展望車はもちろんのこと、重厚なインテリアに囲まれた〝床屋〟まであった。寝台車のコンセプトは現代とほぼ変わらないが、小部屋は広く、ベッドのインテリアなどは現代の高級ホテル以上の豪華さで、動くホテルの趣きである。人々は、一生に一度でいいから、プルマンの豪華な寝台車で旅をしてみたいものだ、と夢を見はじめた。プルマンの思惑は大当りした。以後、プルマンは鉄道業界のトップを走り続ける。

グレースランド墓地にある〝鉄道王〟ジョージ・プルマンの墓

大西部へ鉄道が普及するにつれ、牛馬たちを列車から守ろうとして生まれ

「PULLMAN」の名の入った花柄の食器と銀製のナイフとフォーク

たのが有刺鉄線である。鉄道線路に沿ってはりめぐらされ、宗教家たちが「悪魔のロープ」と呼んだ有刺鉄線は、一八七三年、私が今住むデカブで発明され、東部出身の男たちによって大量生産されるようになった。かれらは、百五十以上の鉄道会社に有刺鉄線を売って事業を拡大、富を築いた。そして、広大な草原を自由に駆け回り、牛を他州まで運んだカウボーイ文化は消滅、アメリカ大西部の生活文化を永久に変えてしまった。

※世界で最初に〝通販〟を考えたセールスマン

イリノイの緑一色の畑のつらなりを目を凝らしてじっと見れば、有刺鉄線が、陽光にかき消されそうになりながらもはりめぐらされているのがかろうじて見える。そんな畑のど真ん中で、世界で最初の通信販売を思いついたのがモンゴメリー・ワードである。

どこまでも続く農場と有刺鉄線（写真中央に横に伸びている）

ニュージャージー出身のワードは、二十二、三歳のころ、シカゴの大きな乾物屋で数年間、田舎回りのセールスをしていた。

セールスがうまくいけばいいけれど、何も売れない日は……若い人が、木陰一つない、見渡す限りの畑に囲まれ、途方にくれて「もううんざりだ」と叫んだとしても不思議はない。が、その叫びは誰にも聞こえなかったろう。畑のあぜ道に行きかう人もなく、住んでいる人もなかなか見つからない片田舎でのセールスが、ほとほといやになったのではないだろうか。ぎらぎら照りつける太陽を、時には恨めしく見上げながら、とぼとぼ畑のあぜ道を歩いてワードが考えたこと——なんとかもっと楽して、田舎の行商をしなくても儲かる方法はないものか、ではなかっただろうか。自分が体を動かさなくても、セールスが、買い物ができる方

「バイヤーズ・ガイド」の表紙（右）と現在、筆者の自宅に一日に何冊も届けられる通販カタログ

法――通信販売は今日のインターネットビジネスと同じである。さすが、である。

まだシカゴが大火の灰塵《かいじん》にまみれていた一八七二年、ワードが最初に作ったカタログは、たった一枚の紙に品物と値段、注文の仕方が書いてあるだけだった。が、いざ始めてみると、都会から遠く離れた農家の人々は大喜び。通販ビジネスは急速に成長した。

わずか二年後の一八七四年に、カタログは三十四ページに〝成長〟、起業から三十年がたった一九〇四年には、カタログは約一・六キロの重さになって、全米三百万人もの顧客に郵送されるようになっていたというが、一・六キロものカタログなんて、郵便配達員の苦労はいかほどだったことか。が、通販ビジネスは郵便事業の上客となり、アメリカ経済に多大な貢献をしたのだった。

一九〇四年に出た「バイヤーズ・ガイド」の表紙を見た。庭先のポーチにロッキングチェアーを出して、新聞を読んでいる家の主人が、庭の前に車を止めた、ひげをはやした郵便配達人ににこやかに手を振っている。アメリカの田舎暮らしでは、この一日一回の出会いが何よりの楽しみなのである。そして、郵便トラックが届けてくれる通販カタログの楽しみは、広大なアメリカの今も変わらぬ日常の一コマである。が、つい最近、友人から、森林・環境保護のために不要なカタログの量を減らす運動に参加してくれ、と、電子メールが届いた。時代は変わりつつあるのだろうか。

のちにモンゴメリー・ワードは、「ミシガン湖の番犬」と呼ばれるようになった。ミシガン湖岸のビーチを、誰もが使える公園として残そうと、二十年にわたって闘い続けたからである。泳ぐのはもちろん、散歩・サイクリングからピクニックまで、誰もが楽しめるミシガン湖畔の公園を懐に抱えたシカゴの魅力は、モンゴメリー・ワードのおかげといっても決して過言ではない。

※スポーツ用品メーカー・スポールディングの誕生

シカゴの繁栄を支えた三大産業といえば、穀物取引と、全米で消費される加工肉の三分の一を供給した全米一の肉解体業、そして木材製造である。

ミシガン州やウィスコンシン州の、五大湖周辺の豊かな森林地帯から切り出されてきた材木は、船や鉄道でシカゴまで運ばれ、製材された。そして、急成長するシカゴ市内で消費されるだけでなく、大西部の開拓地で、家や小屋やフェンスを作るために積み出されていった。その製材業と肉解体業とが結びついたのが家具製造業である。動物の皮や骨を煮て膠《にかわ》を作り、皮革と木材を張合せて、さまざまな家具が作られた。

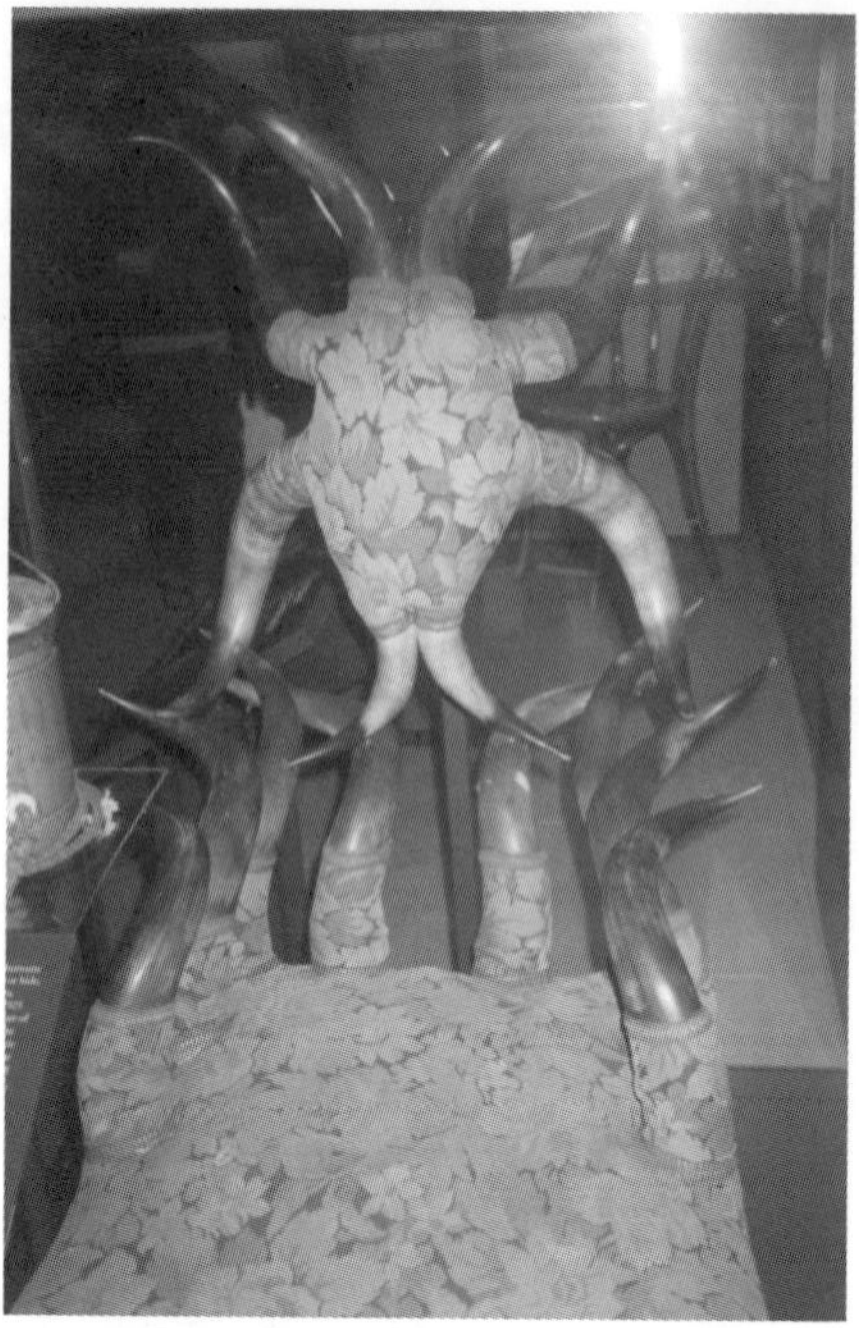

シカゴ歴史博物館に展示されている、解体された動物から作られたいす

いや、家具だけではない。解体した動物たちの豊富で安価な獣皮を「リサイクル」して、一世一代の富と名声を手にいれた人物がいる。アルバート・スポールディングである。イリノイ州北部バイロン村出身、一八五〇年生まれ。

シカゴの企業家たちは、娯楽なんて労働者の労働意欲をそぐものだ、ぐらいにしか考えず、嫌っていた。ところが、東部からボクシングや野球といったスポーツが伝えられると、労働者の娯楽は「金のなる木」だとすぐに見抜き、おおいに奨励し、早速、プロの野球チームを作った。ホワイト・ストッキングス、現在のシカゴ・カブスである。

シカゴ・カブスの本拠地、リグレーフィールド（撮影・藤河信喜）

ボストンのレッド・ストッキングス（現在のアトランタ・ブレーブス）の花形ピッチャーだったスポールディングは、ホワイト・ストッキングスに引き抜かれてシカゴに戻ってきた。そして、まもなく選手生活を退いて、ビジネスに転向、一八七八年から、安価で手に入る牛の皮で野球のボールやグローブを作りはじめた。一八八七年には最初のアメリカンフットボール、一八九四年にはバスケットボール、一八九五年にはバレーボールと守備範囲を広げ、またたくまに全米で、スポーツ用品の独占的地位を築いた。おかげで、「スポールディング」は、スポーツのことは何も知らない私でも知っている名前となった。

スポールディング自身は自らを「アメリカ野球の父」と称し、一九三九年には「ホール・オブ・フェイム（栄誉の殿堂）」入りしたが、〃最高級の理想的な皮〃を提供した動物たちの「フェイム（栄誉）」もまた、シカゴと同義語となって、シカゴとともに残っている。

（注一）伊藤一男著『シカゴ日系百年史』（シカゴ日系人会）二十六・二十七ページ
（注二）前掲書二十八・三十七ページ
（注三）Terry Hogan "Galesburg's Big Wheel" www.thezephyr.com/archives/bigweel.htm
（注四・五）James Nagel ed. Ernest Hemingway The Oak Park Legacy　二〇九ページ
（注六）Daily Chronicle 二〇〇七年十一月一日付
（注七）『朝日新聞』一九九九年七月十三日付
（注八）James Nagel ed. Ernest Hemingway The Oak Park Legacy　一〇一ページ

Ⅱ シカゴの繁栄
——「金ぴか時代」と「左翼のメッカ」

2004年夏にシカゴに誕生した「ミレニアム・パーク」(撮影・藤河信喜)

肉解体工場の写真。（「ジャングル」のゲートの説明板より）

※劣悪な労働条件の象徴――小説「ジャングル」

ああ、シカゴ、シカゴ……。近代化を果たし、繁栄を謳歌していたシカゴ。財を築いた近代派企業家たちがほくそえむ「金ぴか時代」の繁栄の陰で、多くの労働者、女・子どもたちが貧困と劣悪な生活環境、危険な労働条件に苦しんでいた。「浮浪者がパンをねだったら、ストリキニーネかヒ素をパンに塗ってやれば、もううるさく言うことはなくなるだろう」と新聞が書いた時代に、「左翼のメッカ」とされる、シカゴのもう一つの顔が生まれた。

ある肉解体工場の写真を見て驚いた。数えきれないほどの男たちが、ひじとひじがぶつかるほど詰め込まれて立ち並び、肉を切り刻んでいる。一日中、立ちづくめで、汚物と悪臭にまみれた極悪の状況だったことは一目瞭然である。子どもたちも労働に狩り出され、学校には行けなかった。週六日、一日十二――十四時間働かされても、最低賃金規定もなかった。非熟練労働者は街にあふれていたから、人間以下の生活を強いられても、誰も文句は言えなかった。

小説『ジャングル』の表紙

一九〇六年に発表されたアプトン・シンクレアの小説「ジャングル」は、シカゴを一番よく表現していると言われる。日本語訳は、一九二八（昭和三）年に日本人社会主義者前田《まえだ》河《がわ》廣一郎《こういちろう》によるもの、一九五〇（昭和二十五）年には木村生死《しょうじ》による旧かなづかいの訳が出たが、今はもう赤茶けた本となって、図書館の書庫の奥に眠っているかどうかも不明なぐらい、なかなか手に入らない本となってしまった。そんな「ジャングル」の終わりは、初めて英語を習った中学生でも分かる、同じ簡潔な短文が三回繰り返されている。

Chicago will be ours! *Chicago will be ours!* **CHICAGO WILL BE OURS!**

――最初は普通の活字で、二度目はイタリック体で、そして最後は大文字の太字である。著者の熱い熱い思いが渦巻き、やがて読者を飲み込み、巨大な潮流となることを暗示するかのようなエンディングである。

「シカゴは必ず我々のものとなる！」

我々って誰。

小説の舞台は、シカゴ市南部にあった広大な四七五エーカーのユニオン・ストックヤード。毎日、西部から鉄道で大量の牛や豚が運ばれてきて、隣接している五十の工場でまたたくまに殺され、缶詰加工されて、世界中に輸出されていった。一八六五年から閉鎖された一九七一年までに処理された家畜の数は十億頭をくだらないと言われている。小説は、解体・加工工場で働くリトアニア移民家族の悲惨な生活を描く。人々は満足に食べることもできないまま、一日十八時間立ちづめで働き続けた。読んでいると、宙づりになった豚が、天井から吊り下げられた巨大なのこぎりに触れる瞬間に発する、短くも鋭い断末魔の声が聞こえてくる。いつのまにやら身体は、血や汚物、そして鼻をつく獣の死臭にまみれ、感覚を失って硬直、肺は有害な粉塵《ふんじん》を吸い込んで、咳がとまらなくなってくるような感じだ。

死と隣あわせの劣悪な労働環境と、極貧生活の記述に「日本（人）」も言及されている。一つは、生活の糧を失った、貧しい女たちの最後の常套手段、売春宿の一つに日本人女性が大勢集まっている、と。もう一つは、小説の主人公が最後に見出した希望――社会主義に触れ、日本でもすでに社会主義新聞が発行されている、と紹介している。一九〇三（明治三六）年に幸徳秋水《こうとくしゅうすい》らが始めた『平民新聞』のことだろう。一九〇六（明治三九）年発表の小説の中で、なぜシンクレアは「日本」を持ち出したのか。

「ジャングル」は、カンサス州ジラード市で発行されていた、当時の世界最大の週刊社会主義新聞

『アピール・ツー・リーズン（Appeal to Reason）』の連載小説として始まった。『アピール・ツー・リーズン』の記者の一人は、一九〇五年頃に日本人社会主義フェミニスト、金子喜一と結婚するジョゼフィーン・コンガーである。コンガーは、一九〇四年に『平民新聞』に寄稿、自らが社会主義思想の洗礼を受けたミズーリ州のラスキン・カレッジで、熊本出身の留学生、大石善喜《ぜんき》と出会ったことを記している（注一）。シンクレアも、どこかの誰かから、はるか遠く太平洋の対岸の話を聞き、日本や日本人を身近に感じていたのかもしれない。

利潤追求のためには、病気で死んだ動物の肉でも、平気で缶詰にした大企業家たちの飽くなき欲望と執着。英語ができず、異国の地で騙《だま》され続けながら、体だけが資本だった移民たちの呻《うめ》きと絶望。「持つ者」と「持たざる者」の闘いが、二千を超える囲いの中に閉じ込められた、十万頭を超える動物たちの上で交錯《こうさく》した。そんな欲望うごめく世界こそが、シカゴを大都市にのしあげたのだった。

スーパーに行けば、売り場に並んでいるアメリカの大手食品会社〝オスカー・マイヤー〟の各種ハムやベーコンも、シカゴ発である。ドイツのババリア（バイエルン州）移民だったオスカー・マイヤーは、「ジャングル」でソーセージの作り方を学んだのち、自分のビジネスを始めた。

百年後、私もかつての生臭く冷血な「ジャングル」を感じたくて、ストックヤード跡を訪ねてみることにした。

現在の「ジャングル」に残る、牛の頭を飾るゲート

日本人選手も活躍する野球場（USセルラーフィールド）の近く、人通りがない寂れた大通りに取り囲まれたかつての「ジャングル」。道の両側には、窓という窓のすべてに板が打ち付けられた、くずれかけた大きな建物が次から次へと続く。繁栄と貧困という、百年前の大都市シカゴの光と影は未だに健在だ。

そして、「ジャングル」のど真ん中。地図で、パーシング通りと四七番街あたりを見ると、つい三十年ほど前まで、動物の大量輸送を担っただろう多数の鉄道の引込み線が記されているが、一帯は空白である。かつての「ジャングル」は今や無機質な倉庫群に変貌し、牛の頭を飾るゲートと「パッカーズ・アベニュー」という通りの名だけが、かろうじて今も見ることができる「ジャングル」の名残である。

経済的効率だけを追求し、「勝ち組」「負け組」といった言葉が横行、働けども働けども貧困ラインから抜け出せない〝ワーキングプアー〟問題が浮上しはじめた現代の競争社会と、シンクレアが描いた百年前のリトアニア移民の世界とどれほど違うというのだろう。「CHICAGO WILL BE OURS!」——明治日本人をも魅了したこの言葉は、今も真摯《しんし》な響きをもって、読む者の胸に迫ってくる。

やがて、労働者としての権利にめざめた人々は組合を結成し、労働争議が起きはじめる。一八六一年に炭鉱労働者の組合が作られたのを皮切りに、以後、鉄道や建設などさまざまな業界で組合が生まれた。一八六七年に八時間労働要求の声が全米ではじめて発せられたのもシカゴである。

※アメリカに「メーデー」はない!?

アメリカに来たときから私が不思議に思っていたのが、九月の第一月曜日が祝日になる「レイバーデイ」（Labor Day）の存在である。カレンダーをめくってみても、五月一日にはなんの記述もない。アメリカにはメーデーはないのである。

毎年五月一日を労働者の連帯の日として祝うことになったのは、一八八九年七月にアメリカ労働総同盟（ＡＦＬ＝American Federation of Labor）の代表団が、パリで開かれた国際労働会議に出席、提案したからである。提案は認められ、アメリカ以外の国では、労働者は五月一日をメーデーとし

シカゴ・ダウンタウンにあるヘイマーケット集会のモニュメント

て祝う。アメリカが提案したのに、なぜアメリカにはメーデーがないのか。そのゆえんがシカゴにある。

ダウンタウンに真新しいモニュメントがある。一八八六年五月四日の夜に起きたヘイマーケット集会を記念するものである。歴史書にはヘイマーケット暴動とあったが、最近の新聞記事では暴動が集会と言い替えられている。時代の流れとともに、考え方、価値観が変わっていったことを如実に示す。

四・五メートルのれんが色のモニュメントは、集会で演説に使われた荷車と、その上に立ってこぶしを振り上げて演説する「アナーキスト」たち、デモに集まった貧しい労働者の姿を表現している。あの夜から百十八年たった今でも、モニュメントの前に献花されているのが印象的だった。

事件は、アメリカ労働総同盟（ＡＦＬ）が呼びかけて、一八八六年五月一日にアメリカ全土で展開された、一日八時間労働を要求するストライキに端を発した。当時は、十六時間労働も普通だったのである。ストライキは国際的な運動と連動し、全米で三十万人、シカゴでは四万人がデモに参加した。

その翌々日の五月三日、シカゴ市南にある農作物収穫機械製造の巨大企業、マコーミック・リーバー社の工場ストライキで、非武装のデモ隊と警官隊が衝突、警官が発砲して何人かの労働者が殺された。その夜、活動家たちは、翌四日にヘイマーケット・スクェアで抗議集会を開くと決めたのである。

その五月四日の夕方。手順の悪さから、人は期待したほど集まらず、集会は平和なものに終わるはずだった。夜八時半ごろ、リーダー格のオーグスト・スピーズがワゴンの上に立って、残っていた二百人ほどの労働者に向かってスピーチをはじめた。ちょうどその時である、集会を解散させようと、百五十人を超える警官隊が現場に到着。と突然、何者かが警官隊に向けて爆弾を投げつける。警官一人死亡、現場は騒然となる。いきりたった警官隊はデモ隊に向けていっせいに発砲、警官と労働者双方にさらに死傷者が出た。

翌五日から「アナーキスト」たちの逮捕が始まった。新聞は、事件は外国人の陰謀《いんぼう》であり、シカ

シカゴ警察学校中庭にある、ヘイマーケットで殺された警官を称える銅像

ゴは「アナーキスト」たちにのっとられると書きたて、人々の恐怖をあおった。結局、爆弾を投げた真犯人は上がらなかったが、八人が裁判にかけられた。そのうちの五人までがドイツ移民、アメリカの現実に失望した労働者たちだった。

裁判は、企業側を支援する、頑固な反労働運動派の裁判官によって進められる不当なものとなり、わずか半年後、懲役十五年のオスカー・ニーべを除く七人全員に、暴動教《きょう》唆《さ》の罪で、絞首刑が言い渡された。

情状酌量を求める国際的なキャンペーンが起き、二人は刑を軽減されたものの、一八八七年十一月十一日、アルバート・パーソンズ、オーグスト・スピーズ、ジョージ・エンゲル、アドルフ・フィッシャーが処刑された。被告の一人ルイス・リングは、刑務所でダイナマイトで頭を吹き飛ばして自殺している。パーソンズ、当時三十八歳。タイプセッター（植字工）をしながら、貧困層の組織化のリーダーで、英語の社会主義新聞を出していた。南北戦争では南軍で戦ったが、戦後は北部の共和党過激派に鞍《くら》替え、元奴隷の混血女性と結婚。シカゴに移ってくる前は、生まれ故郷のテキサスで、黒人を排斥《はいせき》する秘密結社ク・クラックス・クランと戦ったという〝華麗〟で骨太な経歴の持ち主である。スピーズ、三十一才。複数のドイツ語の社会主義新聞の編集をしていた。

みんな若い。八時間労働が全国標準となったのは一九三五年のことだから、彼等の死が報いられるまでに、さらに半世紀近い時間が必要だったことになる。

一方、ヘイマーケットで殺された警官を称える銅像が、シカゴ警察学校の中庭にある。棍棒を左腰に差し、両足をしっかりと開いた警官が、右手を前方に差し上げている。「イリノイ州民のために我ここにあり」と、全身からメッセージを発しているかのようだ。そのいかめしいヘルメット姿は、明るい午後の陽光が木陰を作る中庭の空気を圧していた。権力そのものを感じさせた。像の台座には、「アナーキスト」暴動で殉職した七人の警官を称えて、とあり、七人の名前が刻まれている。警官たちが殉職したなら、「アナーキスト」たちも殉教者ではないのか。五十年先を見据えて命を投げ出し、国家権力に抗した若者たちではないか。

※「アナーキスト」のためのモニュメント

シカゴ・ダウンタウンから西へ三十分ほど走ったところにある小さな町フォレストパークに、フォレストホーム墓地がある。その入り口付近に、「アナーキスト」たちを称えるモニュメントがある。

一八九三年に建てられたものだ。

高さ約五メートル、仰向けに横たわったひげづらのたくましい男性を守り、鼓舞するかのように、女神のような雰囲気を漂わせた女性が男性のそばに凛《りん》と立つ。処刑された「アナーキスト」たちが好きで、絞首刑になる前に歌ったというフランス国歌「ラ・マルセイエーズ」の詩からイメージされたという。倒れた労働者の頭上に正義がおとずれることを意味しているとか。モニュメントの前面には、オーグスト・スピーズの言葉が刻まれていた。

フォレストパークのフォレストホーム墓地にある「アナーキスト」たちを称えるモニュメント

「われわれの沈黙が、今あなたがたが抑圧しようとしている声よりもはるかに強力なものになる日が必ず来るだろう」
その言葉がさらにパワフルに、かつ百二十年の時を超えて人間の連帯感を呼び起こす。「Power to the Worriers（戦士たちに力を与えよ）」「On your memory we build the future（あなたたちの記憶を胸に我々は未来を築く）「Fight for Communism（共産主義のために闘おう）」「Workers of the World Unite（世界中の労働者たちよ、団結しよう）」インクも真新しい現代の落書きが、モニュメントに書きつけられている。落書きだと消そうとする者はいまい。憲法で保障された表現の自由を奪われ、命を絶たれた「アナーキスト」たちの信念が今もなお人々を鼓舞し続ける。

モニュメントの裏面には、死んだ五人の名前とともに、一八九三年、証拠不十分と裁判の不当性を理由に、残った三人に恩赦を与えたジョン・アルトゲルト州知事の言葉も刻まれていた。

アルトゲルト知事（一八四七―一九〇七、知事在職一八九三―一八九七）は、ドイツから移民した貧農の息子で、苦学して法律を学び、外国生まれではじめてイリノイ州知事まで上りつめた人物である。「アナーキスト」たちの生活と心情を身近に感じ、共感したのだろう。その後も、州兵による「プルマン・ストライキ」鎮圧を拒否したり、児童と女性の労働時間を一日八時間に制限する州法を制定したり、労働監督官制度を導入したり、と数々の進歩的な施策を打ち出し、そのたびにマスコミや経済界から「アナーキスト」だの社会主義者、共産主義者だのと激しく攻撃された。

今日、記念碑のそばでは、絞首刑となったアルバート・パーソンズの黒人妻で、活動家となったルーシー・パーソンズ（一八五九―一九四二）や、ヘイマーケット事件に大きな影響を受けて、過激派フェミニストとなったエマ・ゴールドマン（一八六九―一九四〇）など、数多くの社会活動家たちが眠っている。

※〝幸せな労働者の夢の町〟プルマンタウン

組合活動が活発になり、ストライキが発生しはじめた不穏な社会情勢を背景に、一八八〇年、鉄道王ジョージ・プルマンは自ら投資して、シカゴの南、ほとんどインディアナとの州境近くのカルメットの町に、「プルマンタウン」を作った。人間は環境の産物だから、十分に満足できる生活環境が与えられた労働者はよく働くだろう、というプルマン独自の哲学から作られた、人工的な〝実験〟の町だった。

建物はすべてこぎれいなれんが造りだった。上下水道、ガス完備の労働者用のアパートや家、町の中心には人工池のある公園と、世界で一番美しいと呼び声が高かったプルマンアーケード……。ヨーロッパ調の高いガラス張りの天井が斬新で、中にはオフィスや店、銀行、郵便局、図書館、劇場、医院、歯医者などがそろっていた。現代のショッピングモールの先駆けとされる建物である。道路は舗装され、木立が道の両側に並び、公園はいつもきれいに掃除・維持されていた。当時、労働者たちにはなかなか行く機会が与えられなかった、学校や図書館、教会や劇場で、町はさまざまなレクリエーション活動や教育プログラムを提供した。それは、熟練労働者を町に呼び込むと同時に、都市の貧困層が喘《あえ》いでいる劣悪な環境から、女・子どもを守ろうとするものでもあった。「プルマンタウン」は、労使関係の改善をはかるモデルタウンとして、全米の注目を浴び、一八九六年、

「世界でもっとも理想的な町」として、プラハの博覧会で表彰までされたのである。

一八八四年ごろには八千人、一八九三年ごろには一万二千人を超える人々が住み、その半数がプルマンの鉄道工場で働いた。プルマンは自分の事業を誇りに思い、労働者たちを幸せにしていると考えていた。

が、企業家プルマンの本音は、ほどなく露呈する。彼がめざすところは、労働者の生活改善・福祉向上ではなく、労働の効率性だった。理想的な環境を与える見返りに、労働者に忠誠心と労働倫理を求めた。非常に厳しい父権主義的な価値観で町を管理、酒類の販売は禁じられ、住民の自治は認められなかった。プルマンは、町への投資から利益をあげることに固執した。家賃はシカゴより二十五パーセントも高く、水道や店などすべての施設をプルマンが所有、価格もプルマンが自由に決めた。教会使用にも、住民に使用料を課した。工場から出た廃棄物を燃料に変えて機械を動かし、住民の下水汚物は近くのプルマン所有の農地に運び、肥料とし、そこでできた農作物を町で住民に売るという、現代の環境問題を先取りするかのような、地産地消の町ではあった。が、コストを最小限度に押さえて、最大限の利潤追求を目的とする、ひずんだ町でもあった。

労働者に対する〝恩きせがましさ〟は、まもなく表面化する。鉄道への過剰投資によってひき起こされた、一八九三年後半の経済危機で、プルマンは賃金カットを断行。が、町の家賃や水道代は据え置かれた。人々は不満を抱き、次々に組合に加入、一八九四年、ストライキに突入した。有名

かつてプルマンタウンのアーケードがあった場所には、壁面に巨大な絵を描いたビジターセンターが建っている。

な「プルマン・ストライキ」である。仕事はボイコットされ、全米の鉄道が止まる事態となった。

町が労働争議で全米の注目を集めるようになって、〝幸せな労働者の夢の町〟は偽善の町に変わる。プルマンの誇らしげな顔は、きっと苦虫をかみつぶしたようになったに違いない。精神的ショックも大きかったろう。ヨーロッパで表彰された翌年の一八九七年十月、プルマンは卒中で死んでいる。六十六歳だった。

翌一八九八年、州最高裁は、個人が町を管理する権利を認めず、工場の生産活動と直接関係のない町の施設は、すべて売却するよう命じた。プルマンの企業家の夢も〝理想〟の町も、わずか二十年を待たずしてついえたのだった。

今も残っているプルマンタウン。現在も人々が住み、使われている。

長い冬の終わり、私は、その消えたプルマンタウンの、かつての栄光と賑《にぎわ》いを求めて、赤と緑が品よく調和した十九世紀当時の建物のあいだを歩き回った。歴史地区に指定され、残されたホテルや工場は博物館に改造する修復作業を待ち、教会や各種住宅は今も使われている。あたりは、灰色の工場の町で、流れる空気は索漠《さくばく》として、乾いている。が、どこからか、町のかつての輝きや雑踏、人々のざわめきや歓声が漂ってくる。

ある意味でプルマンは正しかった、と私は思う。人々はここで幸せだったはずだ。木造の小さな掘立小屋に住み、不衛生きわまりない場所で、一日十時間以上、ただ身を粉《こ》にして働くことしかできなかった時代に、ここに住むことができた人々は幸せだった……。誰に文句が言えよう、言わせない——プルマンはそう思ったに違いない。

美しさで知られたアーケードがかつてあった場所に、今はビジターセンターが建っている。祖父、父、そして夫と家族三代にわたって、プルマンの工場に勤めたという白人女性、ジョアンさんが働いていた。「プルマンに働いたことが家族の誇りだ」と、何げなく口にした。その何げなさこそが幸せの証ではないだろうか。

世界をゆるがせ、労働運動を大きく変えたヘイマーケット事件から七年。シカゴが、ヨーロッパから大量の移民を受け入れ、かつ階級闘争に突入していった時代、洗練さに欠けた〝金もうけ〟の町だという評判を返上しようと開かれたのが世界コロンビア博覧会だった。が、大きな白亜の建物が立ち並び、豪華絢爛《けんらん》を誇った〝ホワイトシティ〟も、やがて〝グレーシティ〟に変わっていく。〝ホワイトシティ〟の内と外とのひずみが露呈しはじめたのである。

夏まっさかりに天然痘が博覧会場で発生、全市に広がり、閉会式直前には、市長が殺され、閉会してまもなくには大火事までおきて、白亜の建物の大半が消滅、と、てんやわんやだったのである。惨事の連続は、まるで美しく輝く理想のユートピア世界が、不正と抑圧にまみれた、すすだらけのシカゴの残酷な現実に押しつぶされてしまったかのようだった。

※社会批判への眼を持った「女権論者」ジェーン・アダムス

しかし、シカゴの魅力は、大繁栄の影に、確固とした社会批判の眼と革新への芽生えがあったことだろう。一八九〇年代は、学者や牧師、ジャーナリストといった知識人階級が、個人主義や近代資本主義の発展に疑問の目を向け、社会改革への道を歩みはじめた革新主義時代でもあった。

そして富裕層の中からは、単に自分たちの富を享受するだけではなく、「もたざる人々」の生活を向上させ、社会を変えることに人生を賭けようとする人間が現われる。その代表的人物が、一九三一年に、全米女性初のノーベル平和賞を受賞したジェーン・アダムスである。

貧しいユダヤ系移民の息子としてシカゴに生まれ、のちに世界的に有名なジャズミュージシャンとなった「キング・オブ・スイング」こと、ベニー・グッドマンも、実は、ジェーン・アダムスが創立した「ハルハウス」出身である。グッドマンの父親は一日中家畜解体場で働き、シャベルでラードを運んでいたという。グッドマンは、ハルハウス音楽学校が作ったバンドでクラリネットを学び、才能を開花させた。

当時、シカゴにいた日本人が書き残したジェーン・アダムスの姿がある。

シダービル村のはずれにあるジェーン・アダムスの墓石

「女尊男卑の米国であったが、『われらに参政権を与えよ』と街頭に立って、大声叱咤する婦人、ジェーン・アダムス女史である。一度、私も彼女の街頭演説を見た（?）が、その態度、そのゼスチュア、男性もはるかに及ばない。彼女は女権拡張の神様だ」（注二）

人口七百五十人の小さなシダービル村のはずれにある、ジェーン・アダムスのつつましやかな墓石の前に、私は立った。そして、「レディファースト」の習慣が「女尊男卑」にしか見えなかっただろう当時の日本人男性にとって、「神様」のようだったというアダムスの迫力はいかばかりだったのかと想像をめぐらしたが、皆目見当がつかなかった。

一八六〇年九月六日、ジェーン・アダムスは、シダービル村の名家に生まれた。父親は、一八五四年から七〇年まで連続十六年間イリノイ州の上院議員を務め、リンカーンとも個人的なつきあいがあった人物である。ジェーンは、九人兄弟の八番目に生まれたが、実母を二歳の時に亡くしている。立派なアダムス家の墓塔には、ジェーンが生まれる前に、生後二カ月で亡くなった兄と、ジェーンが六歳の時に、十六歳で亡くなった姉の名が刻まれていた。幼い子供心ではっきりと理解することはなかったろうが、それでも死の悲しみが身近にあった家庭の日常で、子を産み育てるだけに追われる女の生き方に、疑問を感じはじめてはいなかったろうか。しかも、彼女自身、背骨が曲がる障害をもち、自分自身を「醜くて、内股の貧弱な子」と称していたという。抑圧される寂しさ、哀しみが身に刻みこまれていたのだと思った。どんなに裕福でも、満たされない心の傷を抱えながら、抑圧される社会的弱者の視点に立って、社会を変える道を選んだジェーンの大きな度量と才能——それでも父親は、ジェーンが人並みに結婚して、家庭をもつことを期待していたというから、親が子を思う気持ちはいつの時代も変わらない。

※極貧にあえぐ移民たちの救援センター「ハルハウス」

ジェーンは、一八八九年七月、長年の友人エレン・スターとともにシカゴで、極貧にあえぐ移民たちの救済センター「ハルハウス」を開く。ロンドンにあった、世界最初のセツルメントハウス「トインビーホール」を経験して、これこそ自分の道だと確信、貧しい人々と生活をともにし、生きようと決心したのである。

が、最初は、貧しい人を助けるといっても、一体何をしたらいいのか皆目見当もつかない。スラム街は、上流階級出身のジェーンたちが想像もできなかったほど、多くの人間や動物があふれ、汚物やごみにまみれていた。イタリア、オランダ、ロシア、ポーランドやハンガリー、リトアニア、その他東ヨーロッパ各国からやってきたユダヤ人、アイルランド、ドイツ、スイス、フランス、ギリシャ、ボヘミヤ、スカンジナビア、中国、そして黒人……その大半が、満足に英語は話せなかったろう。

精神を豊かにすることが豊かな生活につながるのではないか、と考えたジェーンたちは、とにかく「ハルハウス」を憩の場にしようとした。今でこそ、多文化尊重・共生主義を標傍するアメリカ社会のこと、世界各国から集まってきた移民たちの、民族文化・価値観を尊重するイベント開催は当然視されるが、その原型はハルハウスの活動にあると私は思う。

ジェーンたちはまず、子どもたちを預かる託児所を作った。大人たちには、母国の文化、たとえば歌やダンスを披露しあい楽しむ「エスニックナイト」を催し、読書会や絵の展示、コンサートも開いた。教育にも力をいれはじめた。仕事を見つけるための技術習得と職業訓練、英語クラス、子どもたちには裁縫《さいほう》や家事、さらには青少年の健全育成のために、コミュニティを基盤にするアートや音楽学校、スポーツクラブ、図書館も作った。子どもたちへの義務教育の必要性も訴えた。最初は一軒の二階建ての家からはじまったハルハウスの活動は、一九〇七年ごろまでには、市の一区画を埋めつくす十三の建物群にまで成長、「City in the City」（市の中の市）とまで呼ばれるようになった。さらには、シカゴの公教育にも影響を及ぼすようになっていく。ジェーンたちの尽力で、イリノイ州の義務教育法が制定されたのは一九〇三年のことである。

そのうち、スラム街の劣悪な生活環境を変えていくには、教育文化的な活動だけでなく、行政への働きかけも必要だと気付いた。そこで、密集した住宅事情、汚水処理・ごみ回収といった公衆衛生、健康管理、低賃金と過酷な労働時間、青少年犯罪防止といった社会労働問題などにも取り組みはじめた。そうして、児童労働禁止法制定や女性の地位向上・労働条件の改善要求、ストライキへの参加も厭《いと》わぬ労働組合運動、女性の参政権獲得運動へと、自分たちの活動を、全米レベルの運動にまで発展させていった。

「ハルハウス」が「シカゴ最初の」となった活動の一覧表がある。最初のセツルメントハウス、最初の公衆浴場、最初の公立遊園地、公立体育館、子ども劇場、市民権取得のための学習クラス、大学市民講座、公立プール、ボーイスカウト、結核感染や助産婦普及状況、乳児死亡率・識字率などの各種調査、女性縫製業組合設立などなど、まだまだ続く。

「ハルハウス」はまさしく女たちの勝利だった。社会改革のために立ち上がったのは、創立者のジェーン・アダムスたちだけではない。ボランティアで、多くの女たちがハルハウスの活動を支えた。たとえば、社会主義者で児童労働に激しく反対したフランシス・ケリー。彼女は、州最初の工場監督検査官となって、労働搾取を厳しくチェックした。科学者で医者のアリス・ハミルトンは、人々の健康状態や病気と、工場で接触する鉛や水銀、一酸化炭素などの化学物質との因果関係を調べ、化学物質が人体に及ぼす影響や環境汚染を警告した最初の一人である。シカゴ大学の法律学校を卒業した初の女性、ソフォニス・ブレッキンリッジは、法律家の立場から、移民や女性、子どもたちの権利保護を訴えた。その他にも、国際連盟児童福祉委員会のメンバーに選ばれたジュリア・ラスロップなど、有名無名の多くの女たちが「ハルハウス」の活動を通じて社会改革運動に携わった。

食べていくために働かずにすむ上流階級出身で、身分相応の結婚をして、いい家庭を築くことが期待されていた女たち。女が高等教育を受けても、社会での女の役割といえば教師か宣教師、と非常に限られていた時代に、「ハルハウス」は、教育のある女たちに、具体的に社会を動かしていく活動家、オーガナイザーとしての居場所を与えたのだった。

※ジェーン・アダムスの思想

ジェーンが一九一五年に書いた、「どうして女性が選挙権をもたねばならないか」という文章を読んだ。女の仕事が子どもを産み育て、家庭を守ることとされる時代（それは現代も基本的に変わらない）、子どもや家庭を守るためにこそ、女性は家の外の広い世界に目を向け、直接的に社会に女性の視点を訴え、子どもたちがおかれている社会環境に責任をもたねばならないと力強く説いている。

女性が当然の権利として参政権をもつ現代でも、子どもたちの危機的状況を考えると、ジェーンの言葉はより一層真摯《しんし》に響く。

ただ一つ、時代の流れを感じるのは、ジェーンが男女間の役割分担、仕事の分業を主張していることだ。女性が社会に関心をもつのは、決して男の領域に踏み込み、男から仕事をとりあげようとしているわけではない、とジェーンは説く。生物本来の、そして歴史的にも女の仕事とされてきた分野が、あまりにもこれまで行政や法整備において無視されてきたから、女性が直接、選挙に参加することで、女性の意見を社会に反映させねばならない、というのである。

アメリカ女性に参政権が与えられたのは一九二〇年八月。以後、男女間の役割分担が個人の選択となり、性で職業の選択が差別できなくなるほどまで、女性が力をもつようになった現代を、ジェーン・アダムスは墓の下でどう思っているだろうか。

シカゴ大学の図書館で、ジェーン・アダムス自筆の署名入り手紙を見たことがある。一九一一年十二月十五日付で、「ハルハウス」のレターヘッドがついている。シカゴで文芸誌を創刊、ヘミングウェイも投稿する雑誌に育てあげた女性、ハリエット・モンロー宛である。

「モンローさん、同封の詩を読んでいただけないでしょうか。私たちが知っているイタリア人の少年が書いたものです。彼は速記の仕事をしていたのですが、結核にかかって仕事ができなくなり、一日の大半を本を読んだり、詩を書いたりして過ごしています。同封の詩には、すごい才能が顔をのぞかせているように私には思えるのです。正直なところをお聞かせください。活字にしていただ

イリノイ大学シカゴ校のはずれに建つオリジナルの「ハルハウス」

けたらありがたいです」

原稿の売り込みでは決してない。クリスマスも間近に迫り、ジェーンが、病気の少年を少しでも励ましたい、びっくりさせ喜ばせたいと、少年に内緒でモンローに手紙を書いたのでは、と私は想像している。どんな詩だったのか、モンローの雑誌で無事に紹介されたのかどうかは、私に知るすべはない。が、このイタリア人の少年も、ベニー・グッドマン同様、「ハルハウス」で時間を過ごすうちに、きっと結核の苦しみを忘れて、将来の夢を描いたに違いない。

現在、イリノイ大学シカゴ校のキャンパスのはずれに、一軒の家がひっそりと建っている。ジェーンが一九三五年に亡くなるまで住んだ、オリジナルの「ハルハウス」である。ジェーンの人柄を感じたくて、入ってみた。当時使われていた家具や絵画、写真がそのまま残されているとのことだが、何一つ派手なものはなく、普通の、質実剛健を絵に描いたような家だった。そう、ジェーン・アダムスの心が家財などに表れるはずがない。超多忙でも、無名の病気の一移民少年のために書いた短い手紙こそが、彼女のすべてを物語っている。

いつだったか、新聞で見かけて書き留めておいた短歌がある。「小さきは小さきままに、折れたるは折れたるままに　コスモスの花咲く」。

身の回りのほんの些細《ささい》な、時には無駄とも思えることにも心を通わせる優しさ、強さから、偉業への知恵と勇気が生まれてくる――ジェーンの手紙を見て、あらためて納得した。

現在、シカゴにある多くの児童福祉やコミュニティ関係のセンターに、「ハルハウス」の名が冠せられている。人間らしい生活環境と機会が均等に与えられ、あらゆる人が平等に、民主主義社会に参画する資格をもたねばならない――ジェーン・アダムスの哲学は、社会が時代とともにいかに変わろうと、消え去ることは決してない。「ハルハウス」の名はシカゴの誇りである。

※社会主義運動の黄金期

十九世紀後半に、スウェーデン系の社会主義労働運動が、移民によってアメリカに伝えられた。二十世紀初頭はアメリカで社会主義運動が黄金期を迎えた時代である。

イリノイ州でも、シカゴのレークビュー・スカンジナビアン・ソシャリスト・クラブを本拠地に、

In This Issue: "SUSAN B. ANTHONY," By Eugene V. Debs

The Socialist Woman

A Monthly Magazine

Vol. II JANUARY, 1909 No. 20

WENONAH S. PURVIS

THE SOCIALIST WOMAN PUB. CO.
GIRARD, KANSAS
U. S. A.

Price 5 Cents 50c a Year

『ソーシャリスト・ウーマン』の表紙（1909年1月号）

社会主義運動や組合運動が盛んとなり、さまざまな会合や大会がたえず開かれていた。社会党の全米本部はシカゴにおかれていた。

このころ、シカゴに日本人社会主義者も登場する。一九〇四年には、シカゴで社会党全米大会が開かれ、日本からは片山潜が出席、演説した。社会主義フェミニスト、金子喜一《きいち》は、一九〇七年、社会主義者の妻、ジョゼフィーン・コンガーとともにシカゴに住み、当時唯一の社会主義フェミニスト雑誌『ソーシャリスト・ウーマン』を創刊した（注三）。

社会主義運動が盛んだったのはシカゴだけではない。シカゴから西へ二時間ほどいったところにあるロックフォードでは、社会主義市政が三十六年間続いた。シカゴの北、ウィスコンシン州ミルウォーキー市は、一九一〇年秋、連邦議会に全米最初の社会党議員を送りこんだ。一九一二年には、全米で、五十六人の社会主義者の市長や、百六十人の市議会議員が選出された（注四）。資本主義国アメリカで、社会主義者の

ゲールスバーグに残る、サンドバーグの生家

首長を持つ地方自治体が誕生するという激動の時代だった。

この時代をたくみに「泳いだ」有名人がいる。理想を追ったものの、やがて厳しい現実には勝てず、資本主義に取り込まれてしまった人物――戦後、シカゴの高級住宅街、レークショア・ドライブに出来た最初の高層ビルに名前がつけられるほど、シカゴとゆかりが深く、シカゴが育てた詩人、カール・サンドバーグである。

それは、あまり知られていない過去だった。またサンドバーグ自身が、ほとんどかえりみることはなかっただろうと言われる過去である。社会主義者の顔をもっていたのである。

※シカゴが育てた詩人カール・サンドバーグ

「シカゴ」と題された彼の詩の最初の一節で、

シカゴをCity of the Big Shoulders（強健な肩をもつ都市）と呼んだサンドバーグ。半裸になった男たちが、苛酷な労働条件下で汗を流しながら、懸命に働く大都会シカゴの片隅。詩は、自分たちの肉体労働に誇りを持ち、身を粉にして働くたくましい男たちへの賛歌である。それはまた、自らの人生を納得しようとした、サンドバーグ自身の気持ちだったに違いない。

サンドバーグは、一八七八年一月六日、イリノイ州西部ゲールスバーグ生まれ。両親は、一度も読み書きを習ったことがないスウェーデン移民である。

十一歳の時から、家計を助けるために働きはじめ、学校も八年生（中学二年）までしか行かなかったサンドバーグは、セールスマンをしながら、詩を書き始める。「普通の人」のことを「普通の人に分かる言葉」で書く、が彼の詩の魅力とされた。

一九〇七年、ウィスコンシン州ミルウォーキーの社会党関係者と知り合い、活動家と結婚、しばらく党の仕事に関わっていたが、一九一二年、家族とともにシカゴに戻ってきた。

シカゴに戻ったサンドバーグは社会主義系新聞の記者となり、安定した仕事を求めて、いくつかの新聞社や雑誌社を転々とする。

一九〇〇年に、シカゴで創刊された雑誌『インターナショナル・ソシャリスト・レビュー』に掲載された、サンドバーグの記事の一節を読んで、びっくりした。確かに専門用語は使わず、簡単な英語で、普通の人、とりわけ私のような外国人移民にすら分かる簡単な文章ではあるけれど、「That piece of paper called constitution of the United States is some joke. It was made for men and against dollars. It is used for dollars and against men. Constitutional right, huh」（あの憲法とかいう紙切れ、お笑い草だよ。人間のために作られたもので、金儲けのためじゃない。それなのに実際は、金のために使われ、人間を馬鹿にしている。なにが憲法上の権利だ、笑わせるな。注五）となると、その洗練さのない直接的な表現に、こんなショック療法でよかったの、と思わず首を傾げてしまう。当時のメディアがこんな単純で、扇情的《せんじょうてき》な文章を必要としていたのだろうか。しかも、扇情的な記事はすべて筆名を使って書いていたというではないか。何かが臭っている。

日本人社会主義フェミニスト、金子喜一の出していた雑誌『ソーシャリスト・ウーマン』が母体となった雑誌『ザ・カミング・ネーション』の一九一三年十一月号にも、金子の妻、ジョゼフィーン・コンガーの記事と並んで、Dr.Karl Sandburgと署名された記事を見つけた。ドクター（博士号所持者の意味）か……もしこれがこのサンドバーグなら、劣等感丸だし、それともエリートを揶揄《やゆ》しているつもりなのか。

扇情的ジャーナリズムで生活費を稼ぎながら、本名で書き続けたのが詩である。一九一五年、書き集めた詩の出版がついに決まると、自分の政治的傾向を抑えるようになる。一九一八年には、ジャーナリストという立場を利用してロシアのボルシェビキ革命を取材、諜報《ちょうほう》機関にマークされながらも、「無害の社会主義者」との政府側の評価を計算ずくで、自分からあえて上塗りし、愛国主義者として

シカゴの高級住宅街にあるサンドバーグの名が付いたマンションの看板

の左翼をどうにか演じていた。が、やがてサンドバーグは、貧しい労働者よりは、中西部ハートランドをこよなく愛する、普通の〝百パーセントのアメリカ人〟を謳いあげる無難な詩人に変身していく。

※サンドバーグの変節

一九二〇年代に入ると、社会主義運動や過激派はなりをひそめはじめ、サンドバーグは、新聞に映画評を書くようになった。地方での講演会や、リサイタルでのパフォーマーとしての活動を通して、きわめて短期間のうちに成功の道を歩みはじめる。駄目押しはたぶん、〝売れる〟本――つまり『リンカーン』を書いたからだろう。

詩人として、作家として、パーソナリティとして地位を確立したあと、サンドバーグが、一九六七年に死ぬまで住んだノースカロライナ州の家は、丘陵が広がる、百ヘクタールもの敷地に建てられた二十二室の大豪邸だというから、

筆者の住むデカブ市内で売られている「Equal Exchange」のコーヒー

これまた驚きである。豪邸の窓から見える広大な丘陵風景に、イリノイ州の鉄道の町ゲールスバーグの、ごみごみした殺風景な光景や、家のドアから裏口までわずか十歩ほどの、小さな正方形の生家が浮かぶことはあったのだろうか。

サンドバーグの「社会主義者」としての顔は、革命ではなく社会変容をめざして、自分にできることを精いっぱいした〝アメリカンドリーム〟と本で読んだ。果たしてそうだろうか。「レッドネック」という俗語がある。教育を、頭でっかちを作るだけと侮蔑《ぶべつ》する人を意味する言葉である。そんなレッドネック的発想が、教育を受けずとも成功の極みに達したサンドバーグを、〝アメリカンドリーム〟に押し上げているのではないのだろうか。

時代の流れとともに、サンドバーグも変化した。彼の生き様を、一つの典型的な〝アメリカンドリーム〟とは呼びたくない、と私は思う。シカゴにはそれを実感できる底力がある。

二〇〇二年六月十五日深夜、朝早くからシカゴのユニオンパークに出かけていた配偶者が、にこにこしながら帰ってきた。農業から環境問題、人権から政治、社会正義まで、ありとあらゆる社会問題を訴える活動家たちが集まる、「ローリング・サンダー・ダウンホーム・デモクラシー・ツアー」に出かけていたのだ。もらって帰ってきたチラシの中には、沖縄から米軍撤退を訴えるグループのものもあった。パンフレットの最後に、次のような言葉があった。

「大企業が牛耳る産業社会から我々の真の民主主義を取り戻すために、今日ここで、ほんの少しの情熱と熱意、知識にあなたが出会えたことを願っています。これまでもそうだったのです、熱意あふれる個人がつくる小さなグループだけが社会を変えられるのです」

ツアーでもらってきたチラシで、大企業を通さない、産地の小さな農家と直結したコーヒー「Equal Exchange」が、デカブの町でも売られているのを知った。不意に、数年前、コスタリカのコーヒープランテーションで出会った、少年の真っ黒な顔が目の前に浮かんだ。サンドバーグの詩や文章は読まない。でも「Equal Exchange」のコーヒーは飲もう、そう心に決めた。

(注一) 大橋秀子「金子喜一の生涯──アメリカで社会主義者として生きた明治の日本人」(『愛知教育大学『歴史研究』Ｖｏｌ四五・四六所収) 六十九ページ

(注二) 伊藤一男著『シカゴ日系百年史』(シカゴ日系人会) 一四三ページ

（注三）大橋秀子「金子喜一とジョセフィン・コンガー」（『初期社会主義研究』一三号所収）一五三ページ
（注四）北米エスニシティ研究会編『北米の小さな博物館』（彩流社）七十一ページ
（注五）Philip R Yannella. The Other Carl Sandburg　三十九ページ

Ⅲ シカゴ 激動の二十世紀へ

シカゴ市内にあるキング牧師の名の付いた通り

※暗黒街のギャングの帝王アル・カポーン

一九二〇年代。シカゴは、犯罪と暴力の町として、世界に名を馳《は》せることになった。そのイメージに貢献したのがアル・カポーンである。

日本語ではアル・カポネ。イタリア語では何というのだろう。二〇〇七年一月二十八日付の『シカゴ・トリビューン』が、市当局者のぼやきの声を伝えている。「シカゴはもうカポーンとは関係ないんだ」。

一九二〇年代の禁酒法時代に、カポーンは大暴れした。酒の密造・販売、ギャンブル、売春、汚職と、ありとあらゆる犯罪に手を染めながらも、自らは決して手を下さず、街に人的ネットワークをはりめぐらせて、法の網の目をかいくぐって生き延びたのである。そんな帝王カポーンはさまざまな映画に描かれて、世界中の人々に、シカゴはギャングが君臨する無法の街だという暗いイメージを植え付けてしまったものだから、現代シカゴのクリーンなイメージを売りこみたい観光局がぶつぶつ言うのである。もうシカゴは、こわい人のいない、きれいな街なのに……。

とはいうものの、おかげで、世界中から観光客が喜んでシカゴまで、それもカポーンの墓参りにやってくるのである。やっぱり「カポーンさまさま」ではないのだろうか。

カポーンの名前が刻まれた墓石は二つある。なぜ二つなのか。最初の墓石は、シカゴの南、マウ

マウント・オリベット墓地にある、カポーンの墓石（右）とヒルサイドのマウント・カーメル墓地にあるカポーン家の墓

ント・オリベット墓地にある。周りを圧するかのように大きく直立した、しかも墓地では珍しい真っ黒の花崗岩だ。ぴかぴか光って、周りの墓が映っている。イタリア語で刻まれているのは、父親ガブリエルと三番目の兄サルバトーレの名。二人の写真が入っていたのだろう。今は削り取られて、白い跡が残っているだけ。その下に、アル・カポーンの名前が刻まれている。

一九四七年、四十八歳で死んだアル・カポーンの遺体がフロリダから移されてきて、ここにいったん埋葬されたものの、観光客がつめかけて、墓を荒らしたり、この大きな花崗岩を倒したりするので、一九五二年、母親テレサが死んだときに、三人いっしょに別の墓に移された。

その二番目の墓が、オヘア空港の東、ヒルサイドにあるカソリックの立派なマウント・カーメル墓地にある。大きな個人の霊廟《れいびょう》が、道の両側にたち並ぶ墓地の中で、カポーン家の墓はつつましやかなものだ。家族の結束が固いイタリア系家族のこと、男七人、女二人の九人兄弟のうち、死後も父母のもとに集合したのは、兄一人、弟三人、妹一人、そしてアル・カポーンの六人。兄ラルフの息子、アル・カポーンにしてみれば甥っ子、ラルフ・カポーン・ジュニアもいっしょだ。

どうやらカポーンの名前で苦労し、嫌になって、世間から身を隠してしまった兄弟もいるようだ。イタリア生まれの長兄ビンセンゾなどは、自分の好きな西部劇にちなんで名前をロバート・ハートに変え、インディアン居留地など大西部で生計をたてた。そして、なんと弟に対抗するかのように、ネブラスカで禁酒法取締官になり、そこで人生を終えている。有名人を家族にもつとやはり大変だ。

※カポーンの妻メイ

そして何よりもアル・カポーンの妻、メイ。どんな女性がカポーンの人生に連れ添ったのか。メイはカポーンに愛想をつかしはしなかったのだろうか。

まだティーンエイジャーだったアル・カポーンとニューヨークで知り合い、どうやら「できちゃった婚」で結婚、それもイタリア系とは反目したアイルランド系の年上の女。まさしく「ロミオとジュリエット」を地でいくような恋女房だったかも知れないのに、今、このマウント・カーメルの墓地

ヒルサイドのマウント・カーメル墓地にあるアル・カポーンの墓碑

に、メイと息子アルバート、愛称サニーの墓石はない。

メイは、夫の死後四十年近くを生き、一九八六年四月、一九二八年から別居して息子とともに移り住んでいたフロリダの老人ホームで亡くなっている。どうやら父親の影響が及ばないところで、息子を育てたかったらしい。そして、父親と同じ道を歩ませぬように、ずっと言い聞かせたらしい。「あなたのお父さんと同じことをしてはだめよ。彼は私の心を裏切ったのよ」。

二人が、ニューヨークからシカゴにやってきたのが一九一九年。翌年に父親が亡くなると、一家そろってシカゴに移ってきて、一つ屋根の下に住んだ。以後、アル・カポーンは才能を認められ、めきめきと頭角を現し、ギャング抗争を生き延びて「帝王」となる。

一九三一年に、脱税容疑で逮捕されるまでのわずか五年ほどのあいだに、〝ロミオ〟は年間収入一億ドルの「悪の王国」を築いた。が、別居生活が続いていたとなると、やっぱりありふれた〝夫婦の悩み〟も抱えていたかも知れないなあ。そう思って、足元のアル・カポーンの墓石を見ていると、ふっと〝普通の男〟カポーンが想像され、思わず笑みが口元にのぼってきた。

※繁栄、そして自信を失うシカゴ

第二次大戦前夜。米国はニューディール政策で大恐慌を切り抜け、ダウンタウンは高層建築ラッシュだった。イリノイの工業生産は、ニューヨークとペンシルバニアに次いで全米第三位、食肉加工と農業機械生産においては全米一位、製鉄業ではペンシルバニア、オハイオについで第三位、電気製品製造においては第四位と、全米で最も豊かな州の一つとなっていた。

一九〇九年に、ヘンリー・フォードが世界初の大衆車T型フォードを発表して、本格的な車社会が到来した。一九二八年に、ニューヨークのタイムズ・スクウェアから、イリノイ州を横断してサンフランシスコに至る、三千三百マイルの最初の大陸横断道路「リンカーン・ハイウエー」が完成する。歌や映画、テレビでよく知られているもう一つの大陸横断道路、ロサンゼルスを終点とする「ルート66」は、シカゴが起点である。車は人々の労働や生活スタイルを変えた。農家の孤立はなくなり、若者の就業機会や娯楽の数を増やした。

娯楽といえば、アメリカが世界に誇る巨大娯楽産業の一つ、映画産業が始まったのもシカゴであ

いまも残るエサネイ社のロゴ。現在はチャーリー・チャップリンの名を冠した講堂をもつカレッジとなっている。

る。一八九七年、シカゴで世界最初の映画製作スタジオ「セリグ・ポリスコープ」が、一九〇七年には「エサネイ」が設立された。そして、多くのサイレント映画が、とりわけ全米で初めて、照明ライトの下で西部劇を作ったのがエサネイ社である。エサネイ製作映画には、チャーリー・チャップリンも出演した。当時シカゴは、全米で一番映画館が多かった。サイレント映画の日本人大スター、早川雪洲《せっしゅう》はシカゴ大学出身である。一九〇一年にシカゴで生まれたウォルト・ディズニーも、短いあいだながら、シカゴで仕事をしている。

　しかし、社会は少しずつ自信を失っていく。一九二九年の金融大恐慌のあと、一九三三年には「進歩の世紀」をテーマにシカゴ博覧会が開かれ、人々の気持ちを盛りあげようとするも、不信感漂う冬のムードが社会を覆っていた。ヨーロッパではヒトラーが台頭、時代は世界戦争への道を歩きはじめる。

アメリカに何年住もうと、びくつく思いをするのが、日本国家の戦争行為を糾弾しようとする動きを知るときだろう。

地元紙『シカゴ・トリビューン』が、中部ブルーミントン近くの小さな村、セコアに生まれたミニー・ボートリンの話を紹介したことがある（二〇〇五年九月二十五日付）。ボートリンは、宣教師として中国に渡り、南京にあった金陵《きんりょう》女子大学で副学長となって活躍した人物である。一九三七（昭和十二）年十二月に日本軍が南京を攻撃、占領後に虐殺が始まると、アメリカ大使館からの避難命令を拒否、大学に星条旗を翻《ひるがえ》らせて日本軍の侵入を阻止、中国人女性たちのために〝安全地帯〟を確保したという。その後ボートリンは精神を病み、米国に帰国、五十五歳の若さでガス自殺をした。二〇〇七年に製作され、サンダンス映画祭で評判となった映画「南京」は、記録映像と、アメリカ人の宣教師や教師、ナチのビジネスマンたちの日記や手紙で構成されたドキュメンタリー作品である。この中に、金陵女子大学でかいがいしく働くボートリンの姿があった。

一九九〇年代に『The Rape of Nanking』を書いて、日米で話題となった中国系アメリカ人、アイリス・チャンもイリノイと関係が深い。イリノイ大学のあるアーバナ・シャンペーンで育ち、短期間だったが『シカゴ・トリビューン』で働いた経歴ももっていた。本の出版後、チャンもボートリン同様鬱病となり、二〇〇四年に三十六歳で銃自殺している。

南京大虐殺という歴史の根深さ――七十年たっても、広い太平洋の対岸で「日本」「軍」が起こした事件を、まるで我が非であるかのように突きつけられるのが、アメリカで生きるということでもある。

私が、敗者と勝者の違い、とりわけ世界唯一の被爆国日本を一番想ったのは、やはりこの場所に立ったときだった。

※「マンハッタン原爆開発計画」とシカゴ大学

今でも、ときたま新聞で、マンハッタン原爆開発計画に関わった人の死亡記事を見かける。マンハッタンと読むと、ああ、まだ生きてたんだ、という乾いた言葉が浮かぶ。まるで、私の知ることのない、あの一九四五年八月六日朝八時十五分の広島の空が、突然眼前に現れるかのように。

二〇〇七年三月三日付の『シカゴ・トリビューン』が報じたのは、八十七歳で亡くなったローズ・カーニーという女性物理学者である。シカゴ大学内の、使われなくなっていたフットボールスタジアム「スタッグフィールド」の正面特別観覧席の地下、スクワッシュコートに作られた当座しのぎの実験室で、一九四二年十二月二日、世界初の核連鎖反応が起きたとき、若きカーニー博士は、アシスタントとして、その「世紀の一瞬」を見守っていた。

その時の原子炉、シカゴＰｉｌｅ―１（ＣＰ―１）は、すぐにいったん解体され、翌一九四三年二月、シカゴの南西の森の中に再び作られ、改良されて、シカゴＰｉｌｅ―２（ＣＰ―２）となった。今のアルゴン国立研究所の前身の施設である。

シカゴから四十分ほどのところにある、アルゴン森林保護地区の中のレッドゲート・ウッズと呼ばれる林を目指した。ちょっとした高台になっている。さあ、この丘のいったいどこに〝それ〟はあるのだろうか。もちろん何の標識もない。

アルゴン森林保護地区のトレールと文字が刻まれた岩

木々のあいだのトレール（小道）を歩きはじめた。気がつくと、泥道がいつのまにかじゃり道にぶつかり、丘の頂上に向かう上り道になっていた。あ、これは、昔、車が通っていた道だ、ここをのぼっていけばある、と直感した。深い木々のあいだを縫って歩く。気持ちがいい。し

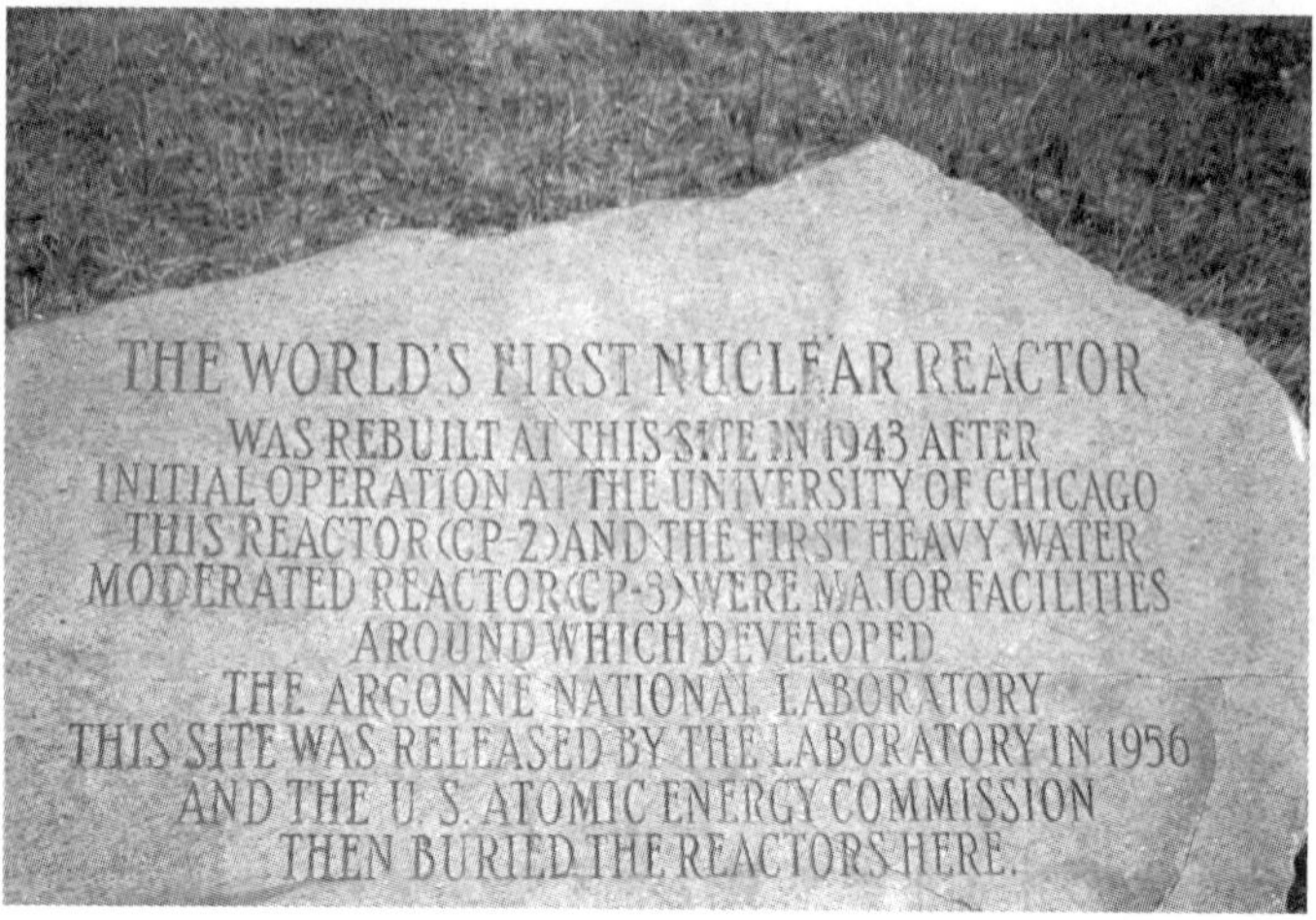

岩に刻まれている文字――「世界最初の原子炉」がはっきり読める。

ばらくいくと、小川があって、それから突然、ぱっと視界が開けた。丘の平らな頂上に着いていた。木がない。平坦な場所に雑草がおいしげっている。ところどころに、コンクリートの小さな塊がころがっている。建物跡である。このあたりにゲートがあって、立ち入り禁止になっていたのではあるまいか。

もう少しトレールの先を進む。広々とした、きれいに木が伐採《ばっさい》された場所に出て、岩がひとつぽつんと取り残されたように置いてあった。ここだ。胸が踊った。

岩には次のように彫ってあった。「世界で最初の原子炉がシカゴ大学で稼働したあと、一九四三年にこの地に再建された。再建された原子炉（CP―2）と最初の重水原子炉――Heavy Water moderated reactor（CP―3）がここの主要な施設となり、のちにアルゴン国立研究所の基礎を作った。一九五六年、原子力委員会がここに原子炉を埋めた」。

ここだけ木が伐採され、草も枯れて不毛な感じがするのは、やはり気持ちがいいものではない。ここで再建された原子炉（CP―2）による実験が、ワシントン、テネシー、そしてニューメキシコでの研究に引き継がれていって、再建二年後の一九四五年七月、ニューメキシコで原爆実験が成功、翌月には広島の〝リトルボーイ〟、長崎の〝ファットマン〟に「結実」するのである。

記念するものが違う。答えが出ないのは百も承知である。でも大きな岩の前に立つと、やはりそうつぶやかざるを得なかった。ド素人の門外漢にとっては同じようなものを、なぜ平和利用の「原子力」（atomic）と兵器としての「核」（nuclear）とに使い分けねばならないのか。二つの言葉を繰る意図は、大きな岩の記念碑とどこかで通底しているのだろうか。原子爆弾atomic bombの「原子」は、いつしか平和利用の「原子」力発電所に。でも英語ではnuclear plant「核」発電所である。で、nuclear weaponは日本語では「核」兵器。「原子」兵器とは聞いたことがない。atomic bombはnuclear weaponではなかったのか。

※アメリカ初の民間「核」発電所

アメリカ最初の民間の「核」発電所ができたのはイリノイである。一九五九年、シカゴの南、ドレスデンに建設された。以後、州の「核」発産業は順調に成長してきた。大手電力会社、コムエド社の電気供給量の九二パーセントは「核」発電による。州全体でも、「核」発電が石炭に並ぶ四八パー

バイロン村の新興住宅地近くにある「核」発電所の冷却タワー（撮影・高橋邦典）

セントを占める。州内に発電所は六カ所、「核」炉は十一基。「核」発電所をもつ全米三十一州のうち、全米一の発電量を誇り、他州に〝輸出〟するまでなのである。

イリノイを独立国と考え、地球規模で見ると、イリノイの発電能力は、「核」発を持つ三十カ国のうち八番目の「核」発大国なのである。

州北部を流れるロックリバーの水を使う、バイロン村の「核」発電所の冷却タワーは、視界三百六十度、一面に畑が広がる単調な空間のど真ん中で、まるで地平線からにょきっと突き出る感じで立っている。近くまで来ると、川沿いの道の両側は、大きなレンガ造りの家が立ち並ぶ、新興の住宅地だった。週末の午後、人々は、広いきれいな庭に集まって笑いさざめいているが、そんな平和

シカゴ大学キャンパスにある実験室跡を示す、ヘンリー・ムーアの彫刻

な日常の風景を、背後からのそりと不気味に圧しているのが、二本の巨大なコンクリートタワーである。

ここに住む人たちは、毎日どんな気持ちでこのタワーを見上げているのだろう。いや、あまりにも巨大すぎて、見えなくなっているのではあるまいか。いちいち気にして、後ろを振り返ってはいられないほど、それは空を冒涜《ぼうとく》するがごとくでかい。「核」発電所の存在感ゆえの不可視性——不条理がそこにはあった。

シカゴ大学の、狭く雑然としたキャンパスの一角に、ヘンリー・ムーアの作品である、黒っぽい石の彫刻が何げなく立っている。実験室跡である。彫刻はなにやらきのこ雲の形に見えなくもない。「原子力」だか「核」だか、「nuclear energy」と名付けられている。

その日、彫刻のそばには乳母車がおいてあった。彫刻とたわむれて遊ぶ娘を、やさしく見守る母親の視線が彫刻に注がれていた。

未来を生きる少女の無邪気な笑顔に、非情な巨大コンクリートタワーのおかげで笑顔が可能になる、人間社会の不条理がおおいかぶさる。マンハッタン計画の発端となる手紙を書いたのはアインシュタインである。彼は、自らの行為を後悔して、湯川秀樹博士とともに、核兵器廃絶運動に関わった。抑止力としての核容認が世界の大勢を占める中で、物理学者たちがあくまでも、人間社会の理想に賭けた熱い思いと現実と、そしてめざす理想が三つ巴となり、連鎖反応を起こして、もう臨界に達したような現代社会に住む我々の行き着く先は……。

忘却だけは絶対に避けねばならない——世界唯一の被爆国出身者は、大きな岩の前で誓う思いだった。

❊マクドナルド第一号店

原爆投下から六十年あまりが経ち、東西冷戦時代も終わった戦後世界。中国やインドといった政治大国の追い上げが始まり、少しずつ変わりつつあるとはいえ、今なお、国際社会に君臨する超大国アメリカの巨大な力は否定しようがない。それは政治や経済といったマクロの世界だけだろうか。人間の日々の営みにとって大切な食文化も、アメリカに〝征服〟されはしなかっただろうか。その発祥地もまたシカゴにある。

あれは、マレーシアのクアラルンプールだった。見知らぬ土地で何を食べたらいいかわからず、思わず見慣れた〝ゴールデンアーチーズ〟を見つけて飛び込んだ。マクドナルドである。あの時、私の舌には食べ慣れたハンバーガーの味が浮かんでいた。が、頼んだハンバーガーを一口食べて、「あ、失敗」と、思わず異国での常套句が口をついて出た。にがいような香料が強すぎて、食べられなかったのである。二十五年ほども前のことだ。

今やマクドナルドは世界一一九カ国に進出、店舗数三万店以上、従業員約百六十万人、世界中で一日五千万人が食べて、四十億ドル以上を稼ぎだす。売り上げの半分以上は海外の店舗からで、クアラルンプールの店も大海に漂う木の葉のような、そんな一つだろう。

人の食べ物の好き嫌いは、小学校に上がる六歳ぐらいまでには決まっているという。自分が知らないものはなかなか食べられない、というのは本能的な行動の一つで、「新奇恐怖」と呼ばれるらしい。異国での食事は、「新奇恐怖」克服以外のなにものでもない。

車から降りることなく、インターフォンで食べ物を注文する。そんなドライブスルーが日常風景となった車社会アメリカと、便利さ・早さを競う戦後の生活スタイルにぴったりと合致したのがファーストフード。ファーストフードといえば、まずマクドナルドだろう。

1号店近くの「マクドナルド」に展示されているクロックの写真と彼が販売していたミキサー

マクドナルドの名前は、リチャードとモーリスという兄弟の姓である。二人は、メニューの品目を限定し、細かい作業はセルフサービスにして、早さを売り物にする小さなハンバーガースタンドを南カリフォルニアで開いた。一九四八年十二月のことである。

当時、ミルクシェークを作る器械のセールスマンをしていた、オークパーク生まれのレイモンド・クロック。一軒の店が、ミキサーを八つも注文するという〝異常事態〟に好奇心を掻き立てられて、さっそく南カリフォルニアへ出向いていった。一九五四年、クロック五十二歳の時である。

訪ねたマクドナルドの店では、多くの従業員がすばやく客の注文に対応、八台のミキサーは休みなしに動いていた。それを見たクロック、これだっ、とひざを打ったに違いない。さっそくクロックは、業務拡大をしぶるマクドナルド兄弟を説得して、店のフランチャイズ権を獲得、独占エージェントとなった。そして翌一九五五年にはさっそく、シカゴ郊外のデスプレーンズに、ドライブイン

シカゴ郊外デスプレーンズにあるマクドナルドチェーン第一号店
（今は使われていない）

式のハンバーガー店「マクドナルド」第一号店をオープン。ハンバーガー一個十五セント、店の最初の日の売り上げは三六六ドル十二セントだった。

クロックのモットーは、「どこへ行っても、同じ品質の同じ味のものを出す」である。注文すれば何が出てくるかわかっている、という安心感が商売繁盛に直結すると、クロックは承知していたのである。小学生のレモネード売りから、高校生のアイスクリーム屋でのバイト、ミルクシェークと、セールスを人生のキャリアに、常に食品業界と関わってきた彼が、自然に身につけた食哲学だったろう。

店はまたたくまに全米に広がり、わずか四年後には、百店目がウィスコンシンにオープン。一九六一年には、マクドナルド兄弟の権利を買い取り、いよいよ「マクドナルド」はクロック王国となった。日本に進出したのは一九七一年のことである。

アメリカのマクドナルドの店では、幼児にハンバーガーを食べさせている親たちをよく見かける。六歳までに、マクドナルドの味を覚えさせてしまえば、もう一生マクドナルドからは逃げられないことになる。女性の社会進出が進み、親の生活スタイルが変わって、料理する時間もないとなれば、夕食は、家族全員そろってマクドナルドに飛び込むというのは、アメリカでは普通の風景である。

※マクドナルドとディズニー

人間の食へのこだわり、新奇恐怖を十二分に理解してビジネスを展開したようなクロック。が、「マクドナルド」が世界制覇したのは食だけではない。実は、クロックの人間・労働観を象徴するかのような「マクドナルド」方式――従業員の動きを最小限度にし、一人の従業員に一つの仕事――つまり同じ動作しかさせず、工場のアセンブリーライン（流れ作業）のように働かさせ、そして「早ければ早いほどいい、安ければ安いほどいい、大きければ大きいほどいい、多ければ多いほどいい」という、アメリカ的――大量生産・大量消費の手法が世界を席捲《せっけん》したのである。だからこそマクドナルドは、コカコーラと並ぶ、アメリカの攻撃的な文化帝国主義の代名詞となったのであり、それゆえに海外では、時にはテロ攻撃の標的にもされるのではなかろうか。

それをはっきりと感じたのが、ウォルト・ディズニーとのいきさつを知ったときである。実は、ディズニーもシカゴ生まれ。クロックより一年早い一九〇一年生まれである。

二人の接点はコネチカットにあった学校だった。時は第一次大戦中、クロックは年齢を偽って軍に入隊しようとしたが、拒否される。仕方がないので赤十字社に入り、救急車の運転を習いに学校へ。そこで出会ったクラスメートの一人が、同じくイリノイ出身で、かつ同じく年齢を偽って入っていたウォルト・ディズニーだった。数カ月後、ディズニーはフランスへ送られ、そこで一年間救急車を運転したが、クロックは、ヨーロッパへ行く直前に終戦となり、チャンスを逃した。

面白いのは、クロックがマクドナルド一号店を開いた一九五五年に、ディズニーは、カリフォルニアにディズニーランドをオープンしたことだ。子どもたちに、安全でよく配慮された遊園地を作ってやりたい、という長年の夢を実現させたのだった。その時である、クロックがディズニーに、マクドナルドをディズニーランドで開かせてくれ、と頼んだらしいのである。が、なぜだかディズニーは断わった。

「早ければ早いほどいい」と、従業員を機械のようにして働かせる一方で、客には、あたかもブロイラーにえさでもあてがうかのように食べさせる文化破壊的なコンセプトが、どこかディズニーの、アーティストとしての感受性とは相容れなかったのではないか、と私は勝手に想像している。その証拠に、「マクドナルド」が海外で暴力行為の的にされても、夢の国ディズニーランドがテロの標的になっているとは、未だ聞いたことがないではないか。

※黒人人口が白人を超えたシカゴ

シカゴ、シカゴ……。実は、黒人が礎となった町である。一七七八年の独立戦争のころ、ハイチ黒人ジャン・デュサーブルがシカゴ川の川岸にやってきて定住、先住民と商売をはじめたのが、町のはじまりである。

一七八七年の法令で、アパラチア山脈の西の土地では奴隷制は禁止され、オハイオ川の北は自由州、南が奴隷州ととりきめられた。イリノイは自由州である。といっても、奴隷同様の年季労働は許されていた。つまり、黒人人口を増やしたくないので、新しく奴隷をもちこむことを禁止したのである。

一九〇〇年の国勢調査では、シカゴの黒人人口は約三万人。低賃金労働にしかつけず、厳しい黒人差別・隔離政策があった。

第一次大戦後、労働力不足を補うために、南部から大規模な人口移動がおこる。シカゴの黒人人口は急激に増加、一九一六年からの三年間だけで五万人がやってきた。その結果、住居不足、雇用不安が深刻となり、一九一九年には二十三人の黒人が殺され、三百人以上が負傷するという大規模な人種暴動が起きた。

黒人は〝ブラックベルト〟と呼ばれるシカゴ市南部に集中して住んでいる。一九二〇年代には、この〝ブラックベルト〟に、アメリカ大衆文化に多大な影響を及ぼした伝説的な「ブロンズビル」が誕生、デューク・エリントンやカウント・ベイシー、ルイ・アームストロングたちがシカゴジャズの一時代を築いた。

第二次大戦後に再び南部から人口移動があり、その結果、シカゴの黒人人口はさらに五十万人にまで増加、一九六五年のシカゴの黒人人口はミシシッピ州全体より多くなっていた。

高速道路ができて、本格的にシカゴ郊外が発展したのは一九五〇年、六〇年代のことだ。シカゴ市内の白人人口は郊外に流れて減少、かわりに流入したのが黒人やメキシコ移民である。一九七〇年までに、黒人人口はついに百万人を突破、市人口の三十二パーセントを占めるまでになっていた。

現在、シカゴ人口の人種比率は、白人が三十七％、黒人三十九％、ヒスパニック系二十％、アジア系三％、ネイティブアメリカン一％で、シカゴは名実ともに黒人の街である。

いつの時代も黒人問題は、シカゴを、そしてアメリカ社会を大きくゆるがしてきた。奴隷制を廃止した南北戦争とは、決してリンカーンの奴隷解放宣言によって終結したのではない。実は今も〝南北戦争〟は続いている。

アメリカが、朝鮮戦争からベトナム戦争へと突き進もうとした冷戦の時代に、全米をゆるがす事件がシカゴで起きた。のちに、一九六〇年代の反戦運動から公民権運動へと、反逆と激動の時代のひきがねとなるエメット・ティル事件である。それは、まさしく現代の南北戦争にほかならなかった。

※黒人少年エメット・ティルの死と公民権運動

エメット・ティルとは、一九五五年の夏休みに、親戚宅を訪ねたミシシッピ州で、リンチによって殺され、川に投げ捨てられた当時十四歳の黒人少年のことである。雑貨店の店主の妻である白人女性に向かって口笛を吹いたらしい、というただそれだけの理由で、顔形《かおかたち》がなくなり、身元を示すのは指輪だけ、という凄まじいリンチだった。少年はシカゴ出身だった。

白人の店主と、その義理の弟二人が裁判にかけられたものの、陪審員は全員白人男性という状況下で、死体の身元不明を理由に無罪放免となった。四カ月後、二人は四千ドルをもらって、雑誌『ルック』に殺人を告白、以後、エメット・ティルは人種隔離・差別問題の象徴的存在となり、のちの公民権運動の原動力となった。

シカゴ市の南、ブルーアイランドにある黒人墓地「バーオーク」に、エメット・ティルの墓を訪ねたことがある。視界をさえぎるものが何一つない、何やらサッカー場みたいなところだった。「ここはほんとに墓地なの。こんなとこ、はじめて」と一人ぶつぶつ言いながらあたりを見廻すと、何

ブルーアイランドのバーオーク墓地にあるエメット・ティルの墓。ペンダントのふたを開けると彼の写真が入っていた。

人かの人が、ただ地面を見下ろしながら歩き回っている。異様なのは、墓碑はもちろんのこと、高いオベリスクや派手な大邸宅みたいな霊廟やら、敷地をとり囲む石やら、とにかく地面から立ち上がるものが何もないからである。芝生のあいだでところどころ浮かんでいるのは、参拝者がもってきた花だけ。墓碑はすべて平らに土に埋っている。だから人はうつむいて石を探すのである。碑を立てるより安価なのだろう。「ゆりかごから墓場まで」――人生を支配する貧困と階級問題を象徴するかのような墓地だった。

しばらく歩き回って、ようやくエメット・ティルの墓を見つけた。予想以上に立派な墓だった。碑は土に埋まっているものの、その真ん中に、花瓶とペンダントが作りつけになっていた。花瓶にいけられた百合と赤いカーネーションがしおれている。ペンダントのふたをそっとあけてみた。白黒写真の元気のいい顔が出てきた。よく知られた顔である。首にリボンのようなタイをしている。おしゃれで闊達《かったつ》、冗談好きで頭のいい少年だった。私は思わず写真に手を合わせた。十四歳——その若すぎる凄惨《せいさん》な死が、過去五十年そしてこれからも、私も含めて多くの人々に与え続けるだろうエネルギーに感謝して。

五十年前、死体の検視は行われず、ミシシッピ州当局は大急ぎで埋葬しようとした。シカゴまで遺体を運び、棺をあけたまま葬儀を行い、世界中にリンチのすさまじさを知らしめたのは、母親マミー・ティルの勇気である。息子の死は決して無駄にはできない、という強い覚悟と意思で、息子の無残な姿を公にしたマミー・ティルの勇気が、のちの公民権運動の発火点となった。

昔も今も鉄道の大きなハブであるシカゴ。ミシシッピ河沿いに大陸を南北に横断するイリノイ・セントラル鉄道は、かつて「グリーン・ダイヤモンド」と呼ばれ、ミシシッピ、アーカンソー、ルイジアナといった南部の農村地域の黒人をシカゴに運んだ。そして、シカゴは「中西部のエリス・アイランド」となった。エリス・アイランドとは、ヨーロッパから船でニューヨークにやってきた移民たちが船を降り、〝アメリカ第一歩〟を印した場所である。マミー・ティルの家族・親類縁者も、ミシシッピからシカゴに「移民」してきた人々だった。

あの夏の日、エメットは、ミシシッピ州モニーに残っている親戚を訪ねて、シカゴ発、朝七時五十分の「シティ・オブ・ニューオーリンズ」に乗った。イリノイ州南端の駅ケイロで、列車がかつての奴隷州ケンタッキーに入る前に、黒人たちはエンジン近くの黒人車両に移らねばならなかった。百年ほど前に「奴隷解放」は宣言されたといっても、黒人隔離のジム・クロー法がまかり通っていた時代だった。

※エメット惨殺の地ミシシッピへ

それから五十年後の二〇〇五年四月、私もまたシカゴからニューオーリンズ行きのアムトラック鉄道「シティ・オブ・ニューオーリンズ」に乗り込んだ。約二十時間の大陸縦断の旅である。

メンフィスを出ると、列車はすぐにミシシッピ州にはいる。ミシシッピ河と、水の中に木立が並ぶ沼地デルタにはさまれた、広大で平坦な農地のあいだを列車はひた走った。家は一軒もない。人も車もほとんど見かけない。時折、給水塔と大きな製粉機械がぽつんと立っているだけのさびれた村を通過する。

シカゴからちょうど十二時間、列車はミシシッピ州グリーンウッドに停車。窓から農機具店の看板が見える。「一番高い建物は給水塔か。列車が止まったあたりの建物は崩れている。ミシシッピに入って初めて人を見た。くずれかけた店の前にボーッと立っている黒人男性二人。何をして食べているのか」と私はメモに記した。

アムトラック鉄道「シティ・オブ・ニューオリンズ」

道幅の広さに比べて、行き交う車の数の少なさに、グリーンウッドが小さな小さな農業の町であることは明らかだった。黒人男性二人が列車を降りていった。

グリーンウッドからさらに南下、州都のジャクソンが近づくにつれ、沿線も開けていく。次の停車地、ヤズーシティの駅前は活気があって、ガソリンスタンドもマクドナルドも並んでいた。ミシシッピに入って初めて見た「文明」だった。つまり海岸線のメキシコ湾が近づくにつれ、やっと再び町らしくなっていくのである。

グリーンウッドは、北からも南からも、どこからも遠く離れたアメリカ深南部のど真ん中にあった。そして、エメット・ティルが殺された村モニーは、そのグリーンウッドから名もなき道を十六キロほど北に行ったところである。今ですらこの様子なら、五十年前は言わずもがなであろう。

モニーあたりのデルタ地帯は綿花栽培地として知られ、一九五五年当時の人口は四百人ほど。大半が綿花を収穫する黒人たちだった。エメットも殺される前日、生まれてはじめて綿花摘みを経験した。

なぜエメットは殺されねばならなかったのか。〝南〟を知らなかったからである。

南部の黒人たちに課せられた厳しい人種の決まり、たとえば白人にはいつも「イエス・サー」と、従順に尊称を使って答え、白人を優先する、白人を直視しない、ましてや黒人男性が白人女性に声をかけるなど考えられない、といった南部の社会文化風土を、北部育ちのエメットは知らなかったのである。裁判は、殺人を裁くというよりは、北部から来た「よそ者」に対して、南部の生活様式・価値観を守ろうとする州をあげての闘いとなった。

現代の南北戦争の犠牲になったのは、実はエメット・ティルだけではない。一九六五年、北部にも〝戦線〟を拡大しようとシカゴにやってきたマーチン・ルーサー・キング牧師も〝敗北〟を喫した。南部の農村地帯よりも変えることがむずかしい、資本主義システムの壁が、シカゴにはあったからである。

一九六五年七月、熱いシカゴの夏のまっさかりに、キング牧師は、グラント公園から市役所まで一万人を率いて行進、公共住宅の黒人隔離政策に抗議した。翌一九六六年にも、白人居住地区でもっ

キング牧師が暗殺されたテネシー州メンフィスのロレインモーテル

と大きなデモ行進を指導、住宅問題や公教育における黒人隔離問題の改善を訴えた。が……。

ニューオーリンズで、ニューヨーク行きのアムトラックに乗り換えた私は、アトランタでキング牧師の墓を訪ねた。墓の前のキングセンターで見たドキュメンタリービデオの中で、キング牧師は怒りに満ちた顔で、吐き捨てるように言った、「シカゴほどひどい町を私は知らない」。

二〇〇五年十月二十四日、ミシガン州デトロイトで九十二歳で亡くなったローザ・パークス。彼女はエメット・ティルの死に勇気づけられて、エメットの死後、三カ月が経った一九五五年十二月一日、アラバマ州モンゴメリーで、バスの黒人席への移動を拒否した。彼女を支援し、バスボイコットから公民権運動の先頭に立ったの

アトランタにあるキング牧師の墓

が、キング牧師である。

そのキング牧師は、一九六三年のエメットの命日である八月二十八日に、ワシントン十万人大行進を行い、有名な「I have a dream」の演説を行った。九一年七月二十五日、エメットの五十歳の誕生日には、シカゴの七十一番街を「エメット・ティル・ロード」と名付ける献呈式が行われ、ローザ・パークスも式に駆けつけている。七十一番街とは、キング牧師が、シカゴでのデモ行進中に、怒った白人たちに石を投げつけられ、顔から血を流しながら歩いた通りでもある。

五十年目のエメット・ティルの命日である二〇〇五年八月二十八日、シカゴで会合が開かれ、私は出かけていった。白人と黒人、そして私というたった一人の黄人の黙祷《もくとう》で会ははじまり、人々は五十年前の、一人の普通の少年の生と死に思いをはせた。どんな小さな短い命であろうと、すべての人間に、社会とともに生きるチャンスと責任と喜びが与えられている——今、自分が生きている、生かされている意味を鮮烈に、そしてエメット・ティルをたまらなく身近に感じた午後だった。

※現代都会派先住民たち

連邦政府の政策によって、シカゴを選んでやってきた人々もいる。先住民たちである。

国勢調査によると、一九五〇年以前のシカゴには、わずか七百七十五人の先住民が住んでいるだけだった。ところが一九五〇年代、連邦政府は先住民の居留地の消滅を狙って、転住政策を打ち出した。同化政策である。各地の居留地に住む先住民たちに、労働機会の増加や生活の改善を謳い、都会に移ることが奨励された。シカゴも、そんな転住先に選ばれた大都市の一つだった。

その結果、シカゴはロサンゼルスやサンフランシスコに次ぐ、先住民人口の多い都市となった。現在、シカゴには、七千人から一万五千人の先住民が住むと見られている。が、居留地のあった過疎地から、大都会の生活への適応は非常に難しい。先住民たちの白人社会への同化、先住民の文化消滅を狙った転住政策は失敗し、一九七二年に終了した。居留地から切り離された都会の先住民たちは、相変わらず差別にさらされながら、自らの居場所、民族文化を通してのアイデンティティの確立への闘いを続けている。

二〇〇三年九月七日、日曜日、シカゴ・ダウンタウンの一等地、目抜き通りのミシガン・アベニューに面したミレニアムパークで、「ネイティブ・サウンズ・バイ・ザ・レーク」と名付けられた催しが開かれた。「アメリカン・インディアン・センター」の設立五十周年を祝う催しである。

「アメリカン・インディアン・センター」は、居留地という、自分たちの民族伝統文化コミュニティから切り離されてしまった先住民たちの相互扶助を目的に、一九五三年に設立された。出身部族には関係なく、先住民たちが共通にもっている文化的興味や関心、アイデンティティを深め、教育やソーシャルサービスを通じて生活改善をはかり、自分たちが直面している社会的問題を解決しようとする。シカゴの「アメリカン・インディアン・センター」は、全米でも一番古い、都会派先住民のための組織である。センターを母体に、シカゴ地域には二十以上の先住民組織がある。

シカゴ市北部にあるアメリカン・インディアン・センター

シカゴ・ダウンタウンで行われた先住民の催し「ネイティブ・サウンズ・バイ・ザ・レーク」

会場には大きな白いテントが張られ、モンタナから来たという先住民男性が、五百人近い聴衆に向かって、独特の口調で、司会進行役を務めていた。聴衆の中には、頭や背中に羽をつけ、モカシンをはいた先住民ダンサーたちがいた。ディズニーのアニメ映画「ポカホンタス」の声優や、映画「スモーク・シグナルズ」に出演した女優、アイリーン・ベダードさんの姿もあった。有名なフープダンサーのケビン・ロックさんの踊りのほかに、先住民フルートの演奏も披露され、集まった多くのシカゴ人の大喝采《かっさい》を浴びていた。多民族社会アメリカの大都市シカゴらしく、白人はもちろんのこと、黒人やヒスパニック系の人々も数多く集まって、日曜の午後を楽しんでいた。

汗を流しながら、大きなドラムをたたき、歌

アメリカン・インディアン・センターで働くディオンさん

を歌っていたドラマーの中に、「アメリカン・インディアン・センター」で出会ったアンセル・ディオンさんがいた。現代では貴重な存在となってしまった純血のディオンさんが、シカゴで先住民ドラムを打ち鳴らし、口承で伝えられる歌を朗々と歌っている姿に、私は胸をつかれた。

ディオンさんは二十五歳、シカゴ生まれの純血先住民である。父親がナバホ族、母親がオグララ・ラコタ族で、ディオンさん自身はオグララ・ラコタ族のメンバーとなっている。「アメリカン・インディアン・センター」では文化コーディネーターとして働き、毎年夏には、オグララ・ラコタ族の本拠地、サウスダコタに戻って、宗教儀式であるサンダンスを踊るという。

シカゴ市の北部にあるセンターの建物は広いが、閑散としていた。日本人にとっての盆踊りのようなパウアウの祭りや結婚式、葬儀といった集会が開かれる体育館のような空間には、ステージが設けられている。そのステージの周りを、天井からミネソタ、チペア、オネイダ、メノミニー、ポタワトミ、セネカ、オマハ、スーといった各部族のカラフルな旗が取り囲み、部族を超えて自分たちの結束をはかろうとする先住民たちの思いが感じられた。ディオンさんによると、現在シカゴに住む先住民たちの出身部族の数は、約百二十五にものぼるとか。一番多いのはやはりニューメキシコのナバホ族、ついで隣州ウィスコンシンからのホーチャンク族とのこと。

シカゴの先住民が抱えている問題は、という私の問いに対して、ディオンさんは言葉を選びながら、ゆっくりと「ほかの人たちと同じですよ」と言った。先住民に対する否定的なステレオタイプを助長するようなことがあってはならない、という気持ちがひしひしと感じられた。アルコール問題、高校のドロップアウト率が七一パーセント、失業問題……生活改善を謳って、政府は先住民たちに居留地を離れるように勧めたが、先住民がおかれている状況は、居留地もシカゴも大して変わりがない。

「高校に行くと、先住民は自分一人で、ステレオタイプで捉えられてつらい思いをする」というのは、ディオンさんの実体験だったに違いない。仲間から切り離されるという意味では、都会に住む先住民たちの孤絶・孤独感は大きい。だからこそ、部族を超えた連帯意識への渇望は、居留地に住む先住民の想像を絶するものがある。

「お互い会えば、どこの部族出身かはすぐわかるんでしょ」と私。

「そう。すぐにからかいあいます。殺しあう代わりに」と、ディオンさんが面白そうに笑った。センターの現在の政治的な目標の一つは、一九九五年に失った「少数派としてのステータス」を取り戻すことである。

※厳しい格差社会

ああ、シカゴ、シカゴ……戦後、全米ではじめて避妊ピルを開発し、六〇年・七〇年代の性解放運動のきっかけを作ったのはシカゴである。男性雑誌『プレーボーイ』が創刊され、バニーガールが評判を呼んだ「プレーボーイクラブ」が登場したのもシカゴである。相変わらずの進取精神をのぞかせ、富を蓄積しながらも、その陰でディオンさんのような少数派、貧困層の厳しい現実が続いている。

連邦政府の基準によると、貧困レベルとは四人家族で年収二万ドル以下をさすが、シカゴで家計を維持する最低ラインは、その倍の四万ドルと試算されている。家賃や交通費に、収入の五十五パーセント以上が費やされるからである。一九七〇年から二〇〇〇年の三十年間で、四人家族年収四万ドル以下のシカゴの貧困・低所得者層は三十五パーセントから三十八パーセントに増加する一方、年収十万ドル以上の富裕層も三十五パーセントから四十パーセントに増えた。貧困率の上昇はシカゴとその近郊が大きく、中間層の縮小で社会格差は確実に拡大している。過去五年間で、シカゴ地域から製造業が撤退、仕事が二十二パーセント減り、年収も減少したのに、家賃といった生活コストは上昇しているからである。

二〇〇三年には、若年層のギャンググループの縄張り争いや、ドラッグ関連の殺人事件は三十六年間で初めて六百件を下回ったが、それでも相変わらず全米一の数には変わりない。

気候の変動でもあれば、まず貧困層が直撃される。一九九五年七月、最高気温が四十一度まで上がった熱波では、一週間で七百三十九人もの人々が死亡した。貧しい一人住まいでクーラーが使えなかったこと、犯罪の多さから窓が開けられなかったこと、もちろん大都市のヒートアイランド現象に大気汚染など、さまざまな自然・社会的要因が重なった複合災害となった。この災害から学んだ一九九九年の熱波では、死亡数は百十人と減少はした。が、地球温暖化の影響で、今後も熱波の発生は増えこそすれ、減ることはないと考えられており、反骨魂・大都会シカゴの挑戦はこれからも続く。

イリノイといえばシカゴ、の感があるが、実は、州の発展史から見ると、シカゴは後発である。

Ⅳ イリノイ南部
——追われた人々、征服する人々

今もアメリカの人々に愛されているポパイ
（イリノイ州チェスター・セガー記念公園）

イリノイ史は、ミシシッピ河とオハイオ川に取り囲まれた南部から始まる。南部は平坦な北部と違い、丘陵地がどこまでも広がっている。緑の農地が、高くなったり低くなったりしながら遠くまで続く風景に、心はほっとやすらぐ。小さな町を通ると、道路沿いの家々は、大きなバルコニーが家の周りをぐるりととりまいている南部様式である。

イリノイがまだ未知なる〝大西部〟だった時代を謳歌《おうか》したのは、先住民とフランス人たちである。北はカナダのセントローレンス河流域、南はニューオーリンズ周辺をのぞくと、イリノイはフランス人が一番多い地域だった。百年近くものあいだ、フランスはイリノイを支配したのだが、その歴史が語られることはあまりなく、ほとんど知られていない。

※世界遺産に指定された先住民のカホキア・マウンド遺跡

ミシシッピ河を渡ると、もうそこは隣のミズーリ州、セントルイスである。セントルイスに入る直前、わずか十五分ほどのところにコリンズビルという町がある。人口二万二千人の町である。この町から十分ほど西へ行ったところに、一九八二年に世界遺産に指定された、八百九十ヘクタールの遺跡、「太陽の町」とも呼ばれたカホキア・マウンド遺跡がある。

かつてこのあたりに住んでいた先住民は、ミシシッピ河とミズーリ川が合流してできたこの肥沃《ひよく》な流域に、一大文化圏を築きあげていた。紀元七百年から千四百年ごろにかけてのことである。こ

観光客用に階段が取り付けられているモンクス・マウンド

の文明の特徴は大きなマウンド（土丘）を造ったことである。

頂上が平坦なもの、屋根のような形のもの、三角錐のもの、丸いものと、全部で百二十を超えるマウンドが、あたり一帯に作られていた。現在、そのうちの百九の所在が確認されている。遺跡として保存されているのは六十八、特に公開されているのは、都市の中心部分にあたるグランドプラザに点在する十七の大小のマウンドと、観光客が頂上まで上れるモンクス・マウンドだけである。

高さ三十一メートル、底面積は六ヘクタールにもなるモンクス・マウンドは四層になっていて、建設には紀元九百年から千二百年ごろまで、三百年はかかったと考えられている。

えっちらこ、えっちらこ、と土を運んだ、無数の人々の気持ちや姿を想像しながら、私は、観光

カホキア・マウンドは現在も発掘が続けられている。

客用にとりつけられた、頂上までの階段をゆっくり登った。そして頂上に立った私は、「太陽の国」カホキア王の気分で、眼下に広がるグランドプラザの、セピア色の都市の賑《にぎわ》いを満足気に見下ろした。そこにあったのは、現代人の感覚からすると、想像を絶するような単純な日々の営みと、都市の賑いだったに違いない。生贄《いけにえ》を必要としたカホキア王の悩みも、生贄となった男女たちのそれも、遺伝子研究だの臓器移植だのと、高度科学技術文明が必要以上に複雑にしているように思える私たちの日常からは、想像もつかないほど小さかったろう。単純な時間の繰り返しで十分に幸せだったんだろうなあ、と思うと、かれらがうらやましくさえある。

あたりを自由きままに飛び交う多数のとんぼの群れを目で追いかけ、足元においしげる乾いた雑草が風にさわさわとそよぐ音を、私は心地よく聞いていた。そして、流れ続ける時間に閉じ込められたミクロの人々の、極小の生と死をぼんやりと考えていた。それは、足元の草のあいだから聞こえてくる虫の声に感じる「盛者必衰、諸行無常の鐘の音」よりも、もっと深く心にしみとおっていった。

モンクス・マウンドの頂上から眺めた四方の見晴らしはよく、見渡す限り緑一色のはるか向こうに、ミシシッピ河を越えてセントルイスの高層ビルが浮かんでいた。

最盛期には二万人の人口を擁したカホキアは、千二百年ごろに繁栄のピークを迎え、以後人口は減少しはじめた。そして、コロンブスがやってくる直前の千四百年には、完全に廃墟と化していた。その原因については、病気や食料不足、気候の変化などさまざまな原因が考えられているが、いまだ謎に包まれたままである。

※イリノイのフランス時代の幕開け

この先住民文化が消滅したあと、千五百年から千五百五十年ごろにこの地にやってきたのが、今はもう話す人はいないアルゴンキン語を話し、自分たちを「イリナイウエック」（意味は男、人）と呼ぶ先住民である。

イリノイという州名は、「イリナイイウエック」のフランス読みである。十二の部族がイリナイ連合を作り、バッファロー狩りや農業で生活していた。

イリナイ連合の先住民たちが、初めてフランス人に出会ったのは、一六六七年ごろ、今のウィスコンシン州最北部、スペリオル湖の近くに作られていたジェスイット宣教師たちの伝道地だっただろう、と言われている。先住民からイリノイの話を聞いて、「よし、行ってみよう」と冒険心を踊らせたのが、フランス生まれのジャック・マルケット神父と、ケベック生まれのフランス系カナダ人で、毛皮商人兼探検家のルイ・ジョリエットである。残されているスケッチやレリーフの写真を見ると、マルケット神父は優しげな目をした、温和な表情を浮かべているのに対し、ジョリエットは眼光するどく、精悍《せいかん》さを漂わせている。

一六七三年、二人は五人の従者とともに、ミシシッピ河を探検する最初の白人として旅に出た。ウィスコンシンから川をたどってミシシッピ河に出て、イリノイの対岸、河の西岸沿いに南下した。そしてアーカンソー州のアーカンソー川の河口まで探検すると、くるりとUターンして引き返した。

二人がイリノイと深くかかわるようになったのは、帰路にミシシッピ河の東岸をとって、イリノイに入ったからである。そして、ケベックに帰るのに、先住民たちに教えてもらった近道をたどった。つまり、ミシシッピ河からイリノイ川、デスプレーンズ川、そしてシカゴ川からミシガン湖へと、水をたどり、湖を横切るというイリノイ縦走ルートである。

イリノイで二人が見たのは、遠く地平線のかなたまで、えんえんと続く単調で平坦な草原、プレーリーだった。そのプレーリーを流れる、いくつもの川をカヌーで旅しながら、二人は本能的に、湖と河川交通に恵まれたイリノイのユニークさ、戦略的な重要性をいちはやく見抜いた。ミシシッピ河とイリノイを流れる川、そして湖をつなぐ水路を作れば、東海岸とメキシコ湾がつながり、大きな将来が開けるだろうと見通したのである。そうして、五大湖とミシシッピ河をつなぐ運河の建設を、ケベック植民政府に提言した。のちのシカゴの発展がかれらの正しさを証明している。

二人の探検から九年後の一六八二年には、フランス生まれの裕福な探検家ラサールが、ミシガン湖から西へ、イリノイ川をたどってミシシッピ河に入る。そして、ジョリエットとマルケットが到達した地点を越えて河を下り、メキシコ湾に到達、河口に十字架をうちたてた。「ここはフランスのものだ」と。早い者勝ちの土地獲得法である。こうして、二組の探検家たちのおかげで、ミシシッピ河と、そこに流れこむ河の全流域がフランス領土となり、フランス国王ルイ十四世にちなんでルイジアナと命名された。毛皮や貴重な鉱物資源が目的だったフランスは、ケベックからルイジアナを統治、以後、イリノイにフランス人たちがやってくるようになった。イリノイのフランス時代の幕開けである。

一七一八年にはニューオーリンズができて、イリノイはアッパー・ルイジアナの一部となった。

イリノイは、フランス植民地の中でも主要な農業地域となり、肥沃な川土からとれた穀物は、ミシシッピ河を下ってニューオーリンズ、そしてフランスが統治するはるかカリブ海の島々に輸出されていった。

※フランスのイリノイ支配の中心地フォート・ドゥ・シャールツ

ちょうど朝からの雨が上がったところだった。プレーリー・ドゥ・ルシェールという、フランス語の村の名に心を踊らせながら、誰もいない細い道を西へ、ミシシッピ河に向けて車を走らせた。セントルイスの南、三十分ほどのところである。あたり一面は、薄くもやのかかったようなしっとりした新緑で、中世ヨーロッパへのタイムスリップはこんなものかと思わせるような、優しい風情があった。と、突然、緑の壁がさあっと広がって、石の建築物が道の左側に現われた。うっすらとした霧にまとわれた石の建物は、砦というよりは、ロマンチックな古城のような雰囲気である。雨上がりのつややかな空気にふれた石の遺跡は、冷ややかな中にも深い清廉さを漂わせていた。

ニューオーリンズのフランス植民政府から仕事を引き継いだ西インド会社は、軍人や役人、会社関係者、鉱物エンジニア、人夫、兵隊たちをイリノイに送りこんだ。人々は、マスキット銃の銃弾がミシシッピの河岸に届くところに木の砦を作り、フランス王の息子、ルイ・ドゥ・シャールツの名前をつけた。以後、一七六五年に英国軍が入場するまでの十年ほど、フォート・ドゥ・シャール

フォート・ドゥ・シャールツの復元された石の建物群

ツは、フランスのイリノイ支配の中心地となった。

砦跡《とりであと》に復元された建物の一つに入ると、二階には小麦粉らしき麻袋が積み上げられ、袋にはフランスの象徴、「フリュー・ドゥ・リー」（ゆりの花）の紋章が入っていた。

一七二六年のこのあたりの総人口は五百十二人である（注一）。もちろん先住民は数えられていない。一七五二年の人口調査によると、フォート・ドゥ・シャールツには白人男性三十三人、黒人男性三十五人、白人女性四十一人、黒人女性二十五人、先住民男性十三人、先住民女性二十三人が住んでいた（注二）。黒人と先住民は奴隷である。

フランス村の特徴はコミューン、つまり共有財産の概念を持っていたことだ。アメリカ人の個人の権利にもとづく土地所有ではなく、土地とは、基本的にコミュニティが管理するものと考えたのである。フランス人たちは、結束力が非常に強い小さな村を作り、神父も毛皮商人も農夫たちも、みんな固まって住んだ。そして、アメリカ人のように、外に開拓地を広げようとはせず、土壌の貧しい土地は共有地とし、みんなで耕し、家畜を飼った。

おかげで先住民の生活様式にはすぐになじみ、イリナイ連合の先住民とは友好関係にあったが、その蜜月時代は、一七五五年の英仏七年戦争、植民地人呼ぶところのフレンチ・インディアン戦争とともに幕を下ろす。イリナイ連合の先住民たちはフランス側について戦ったが、フランスは英国に破れ、フォート・ドゥ・シャールツも英国の支配下に入ることになる。砦近くのフランス村は、戦争の影響を強く受け、まもなく消えた。

当時のフランス人の姿をした観光ガイド（フォート・ドウ・シャールツ）

つくづく思う、フランスが英国に勝っていたら、今この国はどうなっていただろう、と。東京練馬区で農業を営んでいる人が言っている。「土地は預かっているものであって、みんなで共有するものです」（注三）。先住民もフランス人も、そして日本人も理解する土地への思いである。わからないのはアメリカ人だけではないだろうか。

フォート（砦）の石の建物群跡を歩きながら私は、ヨーロッパの社会主義的思潮の萌芽の残像が、人けのない、石の世界からたちのぼってくるのを感じていた。三百年も前に、フランス人たちが身体とともにこの地に運んできた、共同・共有という人間生活の形。それは、個の独立を強調するがゆえに、いつも他人への不安に駆り立てられるアメリカ的生活とは対極をなすものだ。もし、フランスが英国に勝って、彼らの思想と生活形態がこの地にもっと深く根付いていたなら、この国の風景も少しは変わっていただろうか。何かと国民の不安を煽《あお》り、戦争に明け暮れる暴力好きなこの国の――新しい可能性につながっていたかも、などと、そんなせんなきことをしばし想ったのだった。

フランス人がいい関係を築いたイリナイ連合の先住民たちは、独立戦争前後あたりにイリノイの歴史から姿を消した。その空白を埋めるようにしてこの地にやってきたのが、サーク族やキッカプー族、東部イロコイ族によって西のシカゴにおしやられたポタワトミ族や、好戦的なウィスコンシンのチペア族、ミシガンのオタワ族などだ。ポタワトミ、チペア、オタワは「スリーファイアー」と呼ばれ、その勇敢さで知られた大部族である。

※〝大西部の征服者〟クラーク将軍を称える巨大建造物

イリノイ州南東部の州境をなすワバッシュ川のほとりの町、インディアナ州ビンセンヌ。リンカー

クラーク将軍を称える巨大なメモリアル

ンも渡った川のそばに、それはもう圧倒されて声も出なくなるような、巨大な円形のメモリアルが建っている。高さ二四メートル以上、直径五四メートル以上、一六本の円柱に支えられた壮大な建造物の頂き近くには、「大西部の征服者——独立戦争のジョージ・ロジャーズ・クラークとフロンティアマンを称えて」と刻まれている。

　アメリカにとってクラーク将軍がどんなに偉大な存在か、世界中に〝思い知らせてやる〟と言わんばかりに、あたりの地空を圧している。言い換えればそれは、アメリカの誕生・発展にとって、大西部征服こそがキーだったということでもある。

　フレンチ・インディアン戦争後、イリノイの英国軍の本拠地はフォート・ドゥ・シャールツからカスカスキアに移され、ユニオンジャックはためく砦が作られていた。その砦とカスカスキアを

メモリアル内に展示されているクラーク将軍像

〃攻撃〃、英国から〃解放〃したのが、イリノイの独立戦争西部戦線である。解放軍を指揮したのがジョージ・ロジャーズ・クラーク将軍だった。一七七八年七月四日の独立記念日のことである。

その時、イギリスからの解放を祝って鳴らされたのが、現在のカスカスキア島にある「リバティ・ベル・オブ・ザ・ウエスト」だった。フィラデルフィアにある「リバティ・ベル」より十年ほど古く、一七四一年にフランスで鋳造され、フランス王ルイ十五世がカスカスキアにあるカソリック教会に寄贈した鐘である。

セントルイスの南、約二十四キロのところにあるカスカスキア島は、ミシシッピ河の西岸にあって、一応ミズーリ州の領域内だが、イリノイ領である。かつては島ではなく、イリノイ州と地続きだった。が、ミシシッピ河が繰り返し氾濫して、河の流れを変え、島になってしまったのである。

面積五千七百ヘクタールの島の人口は七十人、カスカスキア村の人口は三十人である。二百四十キロにわたる堤防が島を守るために作られたが、一九九三年の大洪水は堤防を越え、そのためほと

カスカスキア島にある「リバティ・ベル・オブ・ザ・ウエスト」

んどの人が島を去ったという。

訪れると、今も洪水と背中合わせの危険な村は、鳥のさえずりしか聞こえず、平和そのものだった。足元の草むらで大きな蛙がとびあがる。車の音一つ、人影ひとつない、土埃のたつ細い道にはフランス語の名前がついていた。カスカスキアが島になる以前、十八世紀にこの地に住んでいたフランス人たちの生活がふっとたちのぼってきて、一瞬目まいを覚えた。

一七四三年にフランスからこの地に到着した「リバティ・ベル・オブ・ザ・ウエスト」は、小さな建物の真ん中に鎮座し、ボタン一つでドアが自動的にあいて、十分間ほどだけ拝観させてもらえる。制限時間が来ると、ドアは自動的に閉まるという低コスト観光スポッ

広大な畑の真ん中に立つフランス語の標識「LA GRANDE RUE」

トである。
カスカスキアは今はもう、ミシシッピ河に浮かぶ小さな島と、存在しない砦の跡にその名を残すだけである。それでも、島の広大な畑の真ん中に、ぽっかり浮かんだフランス語の標識「LA GRANDE RUE」（大通り）を見たときに、私は身震いしながら思った。この土地にかつて生きた人間の誇りが生きている、人間の誇りだけは決して川に沈むことはないのだと。

※アメリカ連邦政府に組み込まれたイリノイ

独立戦争後の一七八七年、アメリカ連邦政府は、アパラチアの西、オハイオ川の北、そしてミシシッピ河がとりかこむ地域をノースウエスト・テリトリーと呼び、アメリカ領土とした。現在のオハイオ、インディアナ、イリノイ、ミシガン、ウィスコンシンを含む一帯である。

まもなく、約五千人の白人が住んでいたノースウエスト・テリトリーは分割されていく。一七九九年にオハイオ・テリトリーができて分離、一八〇〇年にはインディアナ・テリトリーができて、イリノイはその一部に組み込まれた。

このころ国際的には、米仏、仏英が対立。アメリカのサバイバルに必要不可欠と、長年ジェファーソン大統領が狙っていた〝ルイジアナ〟を、一八〇三年、フランスは突然、アメリカに売却する。米英と英仏、そして米仏の関係を見越した計算づくめのフランスの決断だった。世界の大国アメリカへの道が、目の前に大きく開けたのである。

かつてフランス人は、アメリカ人のことを、血気盛んで暴力的、法を守らず、酒飲みだと見ていた（注四）。

一方、イリノイ南部を訪れたアメリカ人は、「フランス人たちはモラルが高く、いっしょにいて楽しい。ワインを飲み、ダンスをし、パーティー好きで、隣人かつ友人のインディアンたちと仲良く暮らし、文明世界から切り離されていても、非常に洗練されている」と記録に残した（注五）。

そんな〝洗練〟されたフランス人たちが去ったあとにやってきたのが、マーク・トーウェンが描いた「ハックルベリー・フィンの冒険」の世界である。貧乏白人の息子ハックと逃亡奴隷ジムが、ミシシッピ河を筏《いかだ》で下りながら経験した世界とは、アメリカ人が自負する自由の精神が、時には自信過剰となり、競争心や反発、暴力沙汰と表裏一体となった世界でもあった。

※西部への入口ゲートウェイ・アーチ――ミズーリ州セントルイス

ミズーリ州セントルイス。ミシシッピ河の河岸に「ゲートウェイ・アーチ」がそびえている。一九六五年に完成、東から河を越えてセントルイスに足を踏み入れる人々を最初に迎えいれる。建物の六十三階に匹敵（高さ一九二メートル）するアーチは銀色に輝き、青空を流線形に切り取る。それは薄く鋭く空を切り裂くかのように見えるが、実は内部では、狭い五人乗りの観覧車が昇降し、観光客はアーチの頂点に建つことができる。

狭い観覧車には妙な緊張感があった。背をかがめ、身を寄せあい、小さな窓から見えるアーチを支えるケーブル群に感嘆していると、約四分後にはがたがたと頂点に着いた。

アーチのてっぺんに立つと、セントルイス市街の西方に、ぼんやりと藍色に地平線が浮かんでいる。どこまでも続く平坦な空間の広がり――果てしなく遠い向こうで、地平線がかすかに丸みをおびているその形こそが、日本に来航した黒船にまで託されていた、アメリカ人の心の原風景なのだろう。まるで、全世界を自ら引き受けるかのような気概が、心にわきあがってくるようだ。

わずか二百年ほど前のことである。イリノイをも含む広大な西部はまだまだ未踏の土地だった。

森が、林が、大草原が大地を覆い、バッファローの群れが土煙をあげて駆け、先住民がそのバッファローを追いかけて、アメリカの大自然の恵みを享受していた。ミシシッピ河の西、二百十万平方キロの未踏の土地なんて、もう想像を絶する世界だったに違いない。「過酷な生活になるのはわかっている。でもただ座って、食べさせてくれるだれかを待っているつもりはない」——ここで第一歩を印して、未知の大西部に挑んでいったあまたの人々の気持ちが、光り輝く、はるかかなたの地平線からたちのぼってくる。

アメリカという国を本当に知るには、やはり地に足をつけて、道を行かねばならない。飛行機の上からでは、眼下に果てしなく広がる地の大海の、本当の姿はまったく見えてこないのである。

※太平洋を目指したルイス・アンド・クラーク探検隊

ジェファーソン大統領は、まず、イリノイ独立戦争のヒーロー、クラーク将軍に大西部の探検話をもちかけた。ミズーリ川を溯《さかのぼ》り、太平洋に達する道を探しながら、その地域を調査する探検旅行である。が、断わられた。断わらずに勇んで探検に出かけていったのが、将軍より十八歳年下の弟のウィリアム・クラークである。

バージニア州で、ジェファーソンと少年時代から友達だったメリウェザー・ルイスは探検話を快諾、インディアナ・テリトリーに住んでいた旧知のウィリアム・クラークに連絡して、探検実行が

capability and background, he and Lewis shared much in common. They were relatively young, intelligent, adventurous, resourceful, and courageous. Born leaders, experienced woodsmen-frontiersmen, and seasoned Army officers, they were cool in crises and quick to make decisions. Clark, many times over, would prove to be the right choice as joint leader of the Expedition.
In temperament, Lewis and Clark were opposites. Lewis was introverted, melancholic, and moody; Clark, extroverted, even-tempered, and gregarious. The better-

太平洋をめざしたルイス（右）とクラーク（国立公園局のパンフレットより）

決まった。ルイス二十七歳、クラーク三十一歳。ともに若く、知的で冒険好き、勇気もあって、生まれついてのリーダー格の二人だった。が、感情面では正反対だった。ルイスが内向的で、瞑想《めいそう》的傾向があったのに対し、クラークは外向・社交的な行動派だった。おかげで探検中は、二人の関係はよくバランスがとれ、深刻なけんかや議論はなかったという。

　探検二百周年を記念して、二〇〇四年、ミシシッピ河のそばのハートフォードという小さな町に、「ルイス・アンド・クラーク歴史紹介センター」がオープンした。そこに、探検に使われた三槽の船のうち、母船となった長さ約十八メートル、幅二・六メートル、二十二本のオールがついた実物大のレプリカが展示されている。船の側面には、へさきから船尾まで棚が作られ、樽やら食料の袋やらがびっしりとつめこまれている。「あ、こういう風にいっぱい積み込んで、探検に

ルイス・アンド・クラーク歴史紹介センターに展示されている実物大レプリカ

出たんだ」。

あたり前のことだが、目の前で示されなければ、まったく考えつきもしなかった〝現実〟だった。確かに「探検」と一言で片付けられはしても、よく考えてみると、何年かかるかわからない旅にでるわけである。実際に何人の人間を連れて行くのか、そのための食料その他の物資はどれだけ必要なのか、何をどれだけ現地調達できるのか、船にはどれだけの荷物を積み込めるのか、それで船の安定を保てるのか、などと具体的に考えていくと、探検のすごさに改めて感じ入る。

資料によると、三隻の船に積み込まれたのは、小麦粉千八百キロ、塩四百キロ、豚肉二千百キロ、そのほか火薬八十キロ、武器に大工道具、先住民への贈り物として、鏡とか魚釣フック二千八百個、縫い針四千六百本、ブローチ五百個、パイプトマホーク十二個、ナイフ二百八十八個、「ヘアーパイプ」と呼ばれるビーズといったところらしい。それも、ミズーリ川の上流、今のノースダコタのマンダンまでの旧知の先住民用と、それ以西の「外国」用に分けられ、全部で二十一袋もあったという。

ハートフォードは、セントルイスの北、かつてミシシッピ河の東岸に流れこんでいた、デュボアという小さな川のそばにある。ここでルイスたちは、一八〇三年十二月十三日から一八〇四年五月十四日までキャンプを張り、二年以上にわたる探検の具体的な準備にとりかかった。キャンプ・デュボアである。

ルイスは、フロンティアをめざす人々が集まるセントルイスに出かけ、ミシシッピ河やミズーリ川上流への旅行経験者や、先住民とコミュニケーションができる人々を探し、情報収集に努めた。クラークの役目は、ルイスが集めてきた男たちの訓練とキャンプの管理だった。フロンティアに〝流れついた〟男たちである。独立自尊をモットーにした〝荒くれ者〟たちは、人に指図・命令されることを一番嫌っただろう。その上、飲酒がらみのけんか、暴力沙汰など日常茶飯事だったに違いない。いさかいを収めるのが大仕事であっただろうことは、想像に難くない。

五カ月間の準備で人間味があふれているのは、アルコール、つまりウイスキーが探検に果たした役割の大きさである。探検自体は、三万九千ドルもの連邦政府予算をつぎこむ大事業となって、地元経済に大きな影響を及ぼしたが、とりわけウイスキーの消費がかなり地元を潤したという。ルイスの買い物リストにも、先住民と交換するためのブランデーが百二十リットル記載されていた。

ところが面白いことに、隊員たちが飲むウイスキーはリストアップされていない。荒くれ男たちに仕事をさせようと思えば、一番てっとり早いのが、ウイスキーの配給ストップという罰だった。出発の一カ月前になって、ルイスは、さらに五百リットルのウイスキーを購入、次のキャンプ地まで送っている。酒なしではやってらんない、といったところが、探検という歴史の本音の部分ではなかろうか。

一八〇四年五月十四日、ついに選り抜きの総勢五十人ほどで、ミズーリ川の上流、ノースダコタに向けて出発することになった。、川岸に見送りにきたのは、ハートフォードの住民やフランス人、先住民だけだった。ルイスが日記に記して曰く、「雨の春の日、夕方四時出発」。

一万三千キロの未到の地を旅して、二年四カ月と十日後、再びキャンプ・デュボアの地に帰ってきたのが一八〇六年九月二十四日のこと。二人ともロビンソン・クルーソーのようになっていた。

※偉大なる探検隊のその後

未知の大西部を踏破・探検するという、輝かしい業績の陰に悲哀を感じたのは、「偉大なる探検、その後」を知ったときである。まず、隊員たちの大半はセントルイスに戻るなり〝消えて〟しまった。〝探検の偉大さ〟のおこぼれにあずかることなし、にである。もったいない、と現代人の私としては思うけれど、後世が称える〝偉大さ〟なんて、その時それを経験した人々にとっては、「まあ、仕事がなかったからね、面白半分にやってみただけのことさ」程度にすぎないのかもしれない。

そして、そのあたりを切実に感じたのはルイスではなかったか。探検から帰ってきたあと、ルイスとクラークは二人とも昇進した。ルイスはルイジアナ・テリトリーの知事に任命されたが、どうやらアルコールがらみの奇行があったらしく、知事としてはいい仕事ができなかった。その上、投資に失敗して鬱病に、さらにはアルコール中毒となり、公私にわたって生活が乱れた。探検成功からわずか三年後の一八〇九年十月十一日、ワシントンに行く途中、テネシー州ナッシュビルから三十キロほど離れた町の旅宿で自殺した。わずか三十五歳の若さだった。

片や探検中は、政府から正しく評価されていないと感じ、腹だたしいことは多々あったかもしれないが、そこはぐっと我慢してルイスを立て通したご褒美だったのだろうか。将軍に昇進したクラークは、ルイジアナ・テリトリーの先住民局監督官に任命された。結婚もし、一八三八年九月一日に六十八歳で死ぬまで、セントルイスで暮らしている。

探検の成功に嫉妬する人がいたとしても、人の幸せが何たるものかなんて誰にもわからない。ましてや人生の意味なんて他人にわかってたまるものか。そんなルイスのつぶやきが聞こえてきそうな気が、私にはするのである。

メリウェザー・ルイスが、ナッシュビル近くで自ら命を絶った一八〇九年、イリノイは、インディアナ・テリトリーから独立して、ついにイリノイ・テリトリーとなった。

そして一八一八年、四千六百家族が入植していたイリノイは、ついに二十一番目の州として、アメリカ連邦に組み込まれた。州都には、かつてのフランス村カスカスキアが選ばれたが、二年後に中部のバンダリアに移された。それとともに、イリノイ南部は影が薄くなっていった。

※ポパイの生みの親

最近、人生の核を作ってしまうのは、幼児期から小学四年生ぐらいまでの体験ではないか、という気がし始めた。せいぜい十歳ぐらいまでの、自分で価値判断ができない時代の出来事は、何やら掛け値なしの純粋な体験となって、身体に刻みこまれてしまっているような気がするのだ。

私が「ポパイ」という言葉を聞いた時が、そんな感じだった。何十年も思い出したことがなかった言葉なのに、突然「ポッポー」という、煙とともにポパイのパイプから吐き出される音を思い出した。と、次の瞬間には、番組のスポンサーだった某菓子メーカーのコマーシャルが長すぎる、とぶつぶつ言う、今は亡き父親の声が思いがけず聞こえてきた。それから、目の前に鮮やかに、といっても白黒だが、浮かんだのが、「ポパイ」のあとに始まるドラマ、「サンセットセブンセブン」の冒

ポパイの「ふるさと」チェスターの看板

頭シーンである。細身のかっこいいお兄さんが胸のポケットから櫛《くし》を取り出し、柔らかそうな髪を横にといた、その途端、父親が「もう寝る時間や」と、私を自分の部屋に追い立てたことまでを、一気に思いだしたのだった。「ポパイ」が終わる日曜の夜九時が、大人と子供の境界線だった時代だった。

ところで、配偶者に「サンセットセブンセブン」と言うと、げらげら笑われた。あれは「セブンティセブン・サンセット・ストリップ」だったそうだが、国際化などという言葉は存在しなかった時代の小学生に英語が分かったはずはなく、私にとっては永遠に「サンセットセブンセブン」である。

ポパイは、当時の私にとっては「アメリカ」そのものだったろう。だから、イリノイ州南部にあるチェスターがポパイ発祥の地だと知ると、矢も盾もたまらぬ思いに駆られた。もう一度、何も思いわずらうことのない気楽な子供時代に戻れるような、そんな安心感が「ポパイ」にはあった。

チェスターへの道すがら、両側に広がる畑風景に私は、「ほうれん草が植わっているのかな」と声を上げ、「チェスターへ行けばきっと、ほうれん草のパンケーキみたいなポパイ焼きが食べられるよ」などと、うきうきと言ってみた。が、横で車のハンドルを握る配偶者は、「何で今ごろポパイやねん」と言わんばかりに、冷ややかに横目で私をちらりと見るだけだった。

チェスターは、ミシシッピ河沿いにある、人口六千人ほどの小さな町である。ミシシッピ河にかかる橋のたもとにセガー記念公園が作られ、一メートル八十センチのポパイ像が立っている。セガーとはエルジー・セガーのこと。一八九四年にこの地で生まれた、ポパイの生みの親である。ちなみに亡くなったのは四十四歳で、カリフォルニアのサンタモニカに住んでいた。白血病だった。やはり成功したからには、ハリウッドの近くに移ったのだろうか。

子供時代から漫画家になりたかったセガーは、チェスターのオペラハウスで映写技師になった。フィルムを巻き戻している間に、自分の描いた漫画をスクリーンに映し、そんな自分が自慢で、腕にMPO（モーション・ピクチャー・オペレーター）と入れ墨をしていたという。「ポパイ・ザ・セイラーマン」の姿がぼんやり浮かびはじめている。

やがて、漫画家になる夢を追って、通信教育で勉強、シカゴに出た。新聞社で漫画を描き、やがてハースト系新聞社に認められ、ニューヨークへ。そこで「シンブルシアター」という漫画を描きはじめた。その時登場したのがポパイだった。一九二九年一月のことである。

ポパイのモデルとなったのは、チェスターに住んでいたフランク・ロッキー・フィーガル（一八六八―一九四七）といわれている。酒場で掃除をする、パートのおじさんだった。やせているが、町一番の屈強な男で、けんかに一度も負けたことがないという評判だった。午後になると、店の前に椅子を出して、ぼんやりと時間を過ごすのが日課だった。ただ一枚残されているロッキーの写真を見た。かなりの年配で、確かにパイプをくわえている。定年退職して悠々自適のおじいさん風だ。後年、セガーから毎週小切手を受け取っていたという噂まであったらしい。

カナキリ声のオリーブは、ニューヨーク生まれの二十九歳。体重四十三キロ、靴のサイズは十四AAAAAA（大きくて細すぎる！）。スリーサイズは上から下まで四十八センチの寸胴。でも百一パーセントの女性、ということになっている。彼女のモデルは、チェスターで雑貨屋を開いていた、背が高く痩身《そうしん》のドラ・パスケル。なかなかきれいな人だったようだが、はたして声はどうだったのだろう。

セガーは、死ぬまでに約六百五十本の漫画を残し、死後は弟子のフォレスト・パッド・サーゲンが引き継いだ。私が一所懸命見ていたのも、案外弟子が描いたものだったかもしれない。

なぜほうれん草なのか。ロッキーさんが好きだったのか、と思ったが、意外なことに、一九二〇

チェスターのワイナリーで買ったオリジナル・ワイングラス

年代に、医者たちがほうれん草の効用を懸命に説いたから、ということらしい。おかげで、一九三一年からの五年間で、米国人のほうれん草の摂取量は三十三パーセントも増えたという。

私は、といえば、チェスターからの帰りに立ち寄ったワイナリーで、オリーブの絵入りワイングラスを買った。全米でそのワイナリーでしか買えないというグラスである。そのグラスでイリノイワインを飲みながら、深夜、テレビの前に座った。夜中の一時半に、アメリカでは今もマンガチャンネルで「ポパイ」を流している。

半世紀ぶりぐらいに聞くテーマソングに懐かしさがこみあげ、思わず大笑いしたが、何しろワイングラス片手に、ノートと鉛筆持参である。

そして、画面を見ながらメモをとった。百一パーセントの女、オリーブは異常にやせ、長い足で、いつもハイヒールをはいている。

〝女は弱い〟を売り物にし、男に尽くさせているようで、けっこう「ポパイ命」と言わんばかりに尽くしている。当時の理想の女性像に違いない。マッチョのブルートは、オリーブを手に入れるためというよりは、ポパイと争い、勝つことを目的としているようだ。つまり、自分の「男らしさ」を自己確認しているだけ。ポパイはオリーブより背が低く、頭髪もなく爺臭いが、力自慢でオリーブを獲得するという「ナポレオンコンプレックス」の見本。男の物理的な力、つまり強い男が「男らしさ」を証明するという、今も変わらぬ男性観。ブルートより小さいポパイがいつも勝つというのは、「一寸法師」や「山椒は小粒でぴりりと辛い」がお好みの日本人好み。その一方で、正々堂々と、正攻法で戦うポパイがいつも勝つというのはアメリカの価値観だ、などなど。

ふと鉛筆を止めて、つくづく思った、やっぱり子ども時代がいい。

アメリカ人にとってイリノイは、希望ではなく、逃走の地だった。一八一〇年ごろまでに、イリノイ南部にはいった人々の多くは、バージニアやジョージア、カロライナから移ってきた人々で、文明や権威を嫌い、強い意思と独立指向をもっていた。政治とは関わりをもたず、自由と孤高を愛し、人間関係を嫌った。近くに人が移ってきて、犬の鳴き声でも聞こえようものなら、もう次の土地に移ろうと考える人々である。自分の人生は自分でコントロールし、土地を所有する有力者や教会といった権威には頭を下げない、そしてなにものも恐れない――自分を信じ、フロンティアを生き抜く勇気と力、リーダーシップをなによりも重んじた人々である。

一方、プレーリー（大草原）がはぐくんだ肥沃な土地―北部に〝乗り込んで〟きたのは、ニューイングランドのヤンキーたちである。ヤンキーとは、近代化論者と同義語である。彼等はイリノイ北部に集中し、東部の考え方をもちこんだ。つまり、理性を信仰し、中流階級をめざして機会均等と成果主義を主張、社会改革の使命感をもって、フロンティアの文明化になみなみならぬ熱意を抱いていたのである。上昇志向をさまたげる古い慣習はすべて悪とし、社会の進歩・発展のために懸命に働いた。丈高い草原のフロンティアで新しく商売をはじめ、ものを作り、銀行システムを作った。東部の教会は、宣教師をイリノイに送りこみ、フロンティアの人々の教育に乗り出した。そして、あちこちに大学を作った。

イリノイの南部人たちは、北部に定住しはじめたヤンキーたちをうさんくさく見ていた。社会的上昇・成功志向に囚われたヤンキーたちと、唯我独尊の南部人ではそりがあうはずがない。南部人とヤンキーが結婚でもしようというなら、家族の汚点になると非難されるほどだった。

のちに南北戦争の暗雲がたちこめるようになると、南部人のあいだでは、イリノイから分離して南部連合に入ろうという声すらあがっていたという。それほどまで北部と南部は反目・隔絶した異世界だった。

(注一) Ekberg, Carl "French Roots in the Illinois Country " p.150 University of Illinois Press

(注二) 前掲書一五二ページ

（注三）月刊『オルタ』二〇〇三年七月号、三ページ

（注四）Franke, Judith A "French Peoria and the Illinois Country 1673-1846" p.258/p.261 Illinois State Museum Society, 1995

（注五）前掲書四十五ページ

Ⅴ イリノイ北部
——ヤンキーたちのビバ・アメリカ！

1909年、259人が命を落とした炭鉱事故のメモ
アルと「あなたたちのことは決して忘れませ/
と語りかけるようにはためく星条旗（チェリー-

※「アメリカ」誕生のための戦争メモリアル

十九世紀初め、先住民の数はまだまだ白人を上回っていた。独立戦争後も、イギリスはアメリカの足元を見、先住民たちに武器や弾薬を供給してたきつけながら、相変わらず巻き返しの好機を狙っていた。アメリカと敵対する英国と先住民部族国家の利害は一致、結束してアメリカの西方拡大阻止に動いたのが、一八一二年の米英戦争である。

河に沿って土地を耕し、毛皮取り引きをしていたサーク族とフォックス族は、最盛期には、イリノイ、ウィスコンシン、ミズーリ、それにアイオワの大半の土地を支配下においていた。かれらは、一八〇四年、セントルイスで、アメリカ政府と条約を結ぶ。条約によって、ミシシッピ河周辺の二千百万ヘクタールの土地が連邦政府に渡されることになった。が、条約なんて、広大なプレーリー(平原)での普通の生活と一体どんな関係があるだろう。先住民にとっては、普段と変わらぬ生活がそのまま続いていた。

ところが、政府が一八一二年戦争の復員軍人らに土地を与え、白人たちがイリノイ北部に流れこむようになった一八二九年あたりから、白人と先住民の関係が急速に悪化し、両者が衝突するようになっていく。一八三〇年には、先住民強制移住法が制定された。一八三八年、ジョージアから西方移動させられた一万一千人あまりのチェロキー族のうち、四千人が命を落とすことになる悲惨な

ロックアイランド近くの州立歴史記念地に立つブラックホークの像

「涙の道」で知られるようになる法律である。

いったんは条約に従い、ミシシッピ河を渡り、アイオワに移ったサーク族とフォックス族のリーダー、ブラックホーク。イギリスが自分たちを助けてくれる、と信じていたが、それが幻想だと悟ると、自分たちの足で故郷に戻ろうと決心した。故郷で死ぬつもりで、再びミシシッピ河を渡り、イリノイに戻ってきたのである。そうして、五百人の戦士と七百人の女子ども、老人たちを引き連れて、ロックリバーをさかのぼりはじめる。それが、アメリカ人には宣戦布告と映った。

一八三二年四月、イリノイでの先住民と白人の最後の衝突となったブラックホーク戦争の発端である。リンカーンも従軍したものの、先住民との実際の戦闘は経験せず、戦い、殺したのは野生のたまねぎと蚊ばかり、とリンカーン自身が証言した戦争である（注一）。

イリノイで一番大きな先住民史実ということで、あちこちに戦争メモリアル（記念碑）が建ってい。

歴史を見る眼は時代とともに変わるから、勝っても負けても、それを〝記念〟して「メモリアル」なのである。それも、今から百七十年も前の戦争なのに、未だにメモリアルのそばでは、必ず星条旗がはたはたと風に翻っている。確かに「アメリカ」誕生のためにはなくてはならない先住民追放の戦いだった。

※先住民と白人のイリノイ最後の衝突――ブラックホーク戦争

ブラックホークの民族名はマ・カ・タエ・ミッシュ・キァ・キァ。一七六七年に、ロックリバーがミシシッピ河に注ぎ込むあたり、今のロックアイランド近くにあったサーク国サークヌック村生まれ。現在、このサークヌック村あたりが自然公園に指定されて、ブラックホーク州立歴史記念地と名づけられている。

面白いのは、この公園に、サーク族のチーフ、ザ・ブロークン・ハンドを称える小さな碑が埋められていることだ。時は、独立戦争まっただなかの一七七九年、英国領だったサークヌック村で、ザ・ブロークン・ハンドはなぜか英国軍に抵抗、アメリカ側についた。だから、もちろんメモリアル、である。

ブラックホーク戦争緒戦の地、スティルマンバレーに立つメモリアル

それから四半世紀が過ぎた一八〇四年、サーク族の一部がアメリカ政府と結んだ条約は理不尽だと、ブラックホークはアメリカと対立、一八一二年の英米戦争では英国に与《くみ》してアメリカと戦った。「反逆者ブラックホーク！」「サーク族・英国バンドのリーダー」と呼ばれもした。が、負けた。それから二百年、時代は変わり、自然公園にはブラックホークの名前が冠されて、やっぱり、メモリアル、である。

ブラックホーク戦争の緒戦の地となったスティルマンバレーにも、これまたメモリアルがたっている。軍上層部の思惑が交錯し、うまく指揮がとれていなかったために、兵隊たちの士気が下がり、スティルマン少佐率いるところの二百七十五人の民兵たちが、五十人たらずの先住民たちに追い詰められ、逃亡しはじめた場所である。戦闘で死んだのは先住民が三人、政府側が十二人で全員が切り裂かれた。つまりこのメモリアルは、政府の負け戦さを記念するものなのだが、なぜこの負け戦さが特別か、というと、白人側が負けているとの知らせにかけつけた民兵たちの中に、リンカーンがいたからである。そして死んだ兵隊たちを埋める〝穴掘り〟をして、この地が〝神聖な場所〟になったからと、これまたメモリアルが建っている。

一方、イリノイ最後の戦場となったケントにもメモリアルがある。緑の地平線にぐるりととり囲まれ、平坦な地形をさえぎるものは何もない、かつてケロッググローブと呼ばれたプレーリーのど真ん中。のちにこの地にやってきたパイオニアたちは、小さな丘の上に、あたり一面にちらばっていた政府軍の兵士たちの墓を集めてモニュメントを建てた。曰く「今、生きている我々のために死んでくれた英雄たちへ」。そう、自分が生きるか死ぬか——開拓史とはそういう戦いの歴史にほかならない。

イリノイ最後の戦場、ケントに立つメモリアル。星条旗がはためく。

すでに食料は尽きていたが、ブラックホークたちはロックリバーを北上、ウィスコンシンまで逃げ延びた。が、八月二日、最後の戦闘「バッド・アクス虐殺」で、とうとう力尽きる。十五週間の戦争は終わり、大半の先住民はイリノイから追い出され、ミシシッピ河を渡ってアイオワへ、それからカンサス州インディペンデンスにあった居留地へと移されていった。

ブラックホークも捕えられ、一度は東部で〝見世物〟となったが、数年後、アイオワのサーク族・フォックス族のもとに戻ってきた。一八三八年十月、七十一歳で死亡。

※白人の側についた先住民

先住民と一言でいっても、部族ごとに、いや部族内でも、いろいろな考え方があって、決して一丸となって白人と戦ったわけではない。人間のいる場所ではどこでも政治がつきものである。

勝ち組につくということはこういうことなんだ、と私が深く納得したのは、イリノイ・ミシガン運河の町、モリスにあるエバーグリーン墓地でのことである。

ここに、一八五九年にモリスの近くで死んだ、オハイオ生まれのポタワトミ族のチーフ、シャボーナの墓がある。大きな一枚岩の立派な墓である。シャボーナの功績は、周りに埋められている、町の名士となったパイオニアたちのと並ぶものであることが、その墓岩から感じられた。墓の前には、造花ではあるけれどだいだい色の花が置かれ、真新しい碑には、「平和を愛した優しい紳士であり、白人入植者たちが心からの信頼をおいた友達」と刻まれていた。シャボーナは英語名ももっていたようで、碑にはベンジャミンとある。

白人が作った先住民の墓なんて、私は初めてである。碑には小さな星条旗まで飾られている。星条旗が称えていたのは、ベンジャミン（享年八十四歳）のほかに、妻ウイオメックスや享年二歳や四歳の幼児やら、生後十四カ月の乳飲み児やら、「シャボーナ・スクォウ（シャボーナの女）」と記された享年三十歳の女など、全部で八人のシャボーナ一家である。

どうやらシャボーナは、長年ブラックホークが嫌いで、一八一二年の英米戦争ではアメリカ側につき、その後もアメリカとつながり、白人との戦闘を避けることを選んだ人物である。ブラックホーク戦争でも、白人パイオニアたちにブラックホークたちの位置や攻撃が迫っていることを知らせ、白人たちの命を救った。どうりでメモリアル、である。

白人側についたシャボーナの立派な墓

その後、土地を与えられて定住、食事をともにするなど、白人とのご近所づきあいにも熱心だったという。とりわけ、白人の肉料理が好きで、自分が殺した鹿の肉をわざわざご近所にもっていって、調理してもらっていたらしい。

ポタワトミ族のシャボーナとしては、サー

ク族やフォックス族に思い知らせてやりたい気持ちでもあったのかもしれない。が、それでも、いつしか土地は白人にとりあげられ、部族からも白眼視されて、最後にシャボーナとともに残ったのは近しい家族だけだったという。モリスの住人が哀れんで、モリス近くの土地を与え、そこで死んだ。

シャボーナは部族を裏切ったと考えた先住民たちは、のちにシャボーナの息子や甥をミズーリ西部で殺している。政府軍によるウィスコンシンでの虐殺を逃れて、ミシシッピ河の西に生き延びたブラックホークの戦士たちも、その後スー族に殺されてしまったらしい。ああ、いつの時代も、人の世はなんと生きにくいことか。

今はもう、ただただ、この地球上に生まれ、生きた証に、メモリアル、である。

※鉛鉱山で栄えた町ガリーナ

先住民を追い詰めたのは鉛と銃だった。ブラックホーク追討軍の本拠地とされた町、ミシシッピ河に面したガリーナは、フロンティア時代のイリノイで一番の繁栄を誇っていた。鉛が出たからである。ガリーナとは硫化鉛という意味である。

この地で最初に鉛を発見したのは、もちろん先住民たちだった。フランス人の宣教師や探検家たちに、先住民は鉛のありかを教えた。その見返りにフランス人たちは、先住民に鉄砲と鉛の使い方を教えた。鉛とは弾丸に使うものだと教えたのである。そして、その鉛、つまり銃で先住民は滅ぼされた。皮肉なものである。

ウィスコンシンとの州境まで三十分ほど。背丈までのびたとうもろこし畑の夏の緑が、高くなったり低くなったりして、ウィスコンシンまで続いている。そんな丘陵地帯の真ん中で、ヘルメットをかぶり、ひんやりとした地中に入っていったその瞬間、「ガリーナ」の骨頂に触れたような気がして感激した。

かつてこのあたりには、千にものぼる鉛鉱山があった。私がヘルメットをかぶって訪れたのは、その中の最小のもので、現在、鉛の採掘現場ツアーが行われている残存する州唯一の鉱坑、ビネガーヒルである。ここでは、一八二四年から一九三四年までの百十年間、ほそぼそと採掘が続けられていた。

畑の真ん中に、小さな掘っ建て小屋がぽつんとあった。小屋の真ん中の地面に穴が掘ってあって、井戸式の巻上げ機とバケツがおいてある。地下で採掘した鉛をこのバケツに入れて、地上に運んだのである。「今からこの十五メートル下の地底へおりていきます」と言われて、穴をのぞきこみ、足がすくんだ。

小屋を出て、再び畑のあいだを歩く。馬が草をはむ平和な農場の黒い沃土の下で、人間がつるは

ビネガーヒルの坑道内部。空気がひやりと冷たい。

しをふるっていたなんて全く想像できない。ヘルメットを受け取って、生い茂る野草に隠れるようにして作られた坑道に入った。ダイナマイトは使わず、手で掘っていたから、坑道内部はオリジナルの形で残っているという。坑道の入り口には、澄んだ水をたたえた小さなせせらぎがあった。

　腰をかがめて坑道に入った途端、ひんやりとした空気に包まれた。天井に頭をぶつけないよう、そろそろ歩く。「昔の人は小さかったんだな」と改めて思い、天井からしたたり落ちてきた、足元の水に足をとられないよう注意しながら歩いた。岩壁のところどころは緑色だった。昔先住民が絵を描くのに使ったとか。ところどころで、案内係の青年が岩肌を差しながら鉱脈の話をしてくれるが、私はそれよりも、ここで毎日十二時間から十四時間を過ごした人間たちの気持ちを想像していた。

　人一人がなんとか顔をあげて通るのがやっと、という低く、狭い地底の空間で、人々は何を思いながら、毎日長時間にわたってつるはしをふるっていたのだろうか。だいたい、つるはしを思いっきり振りあげることが可能だった、ということすら信じられない。重労働のあとの楽しみは、おいしい晩ご飯か。それとも仲間と騒ぎながら飲む酒か。それとも一攫千金《いっかくせんきん》をあてて、大金持ちになる夢だったのだろうか。

案内係の青年が、ろうそくをともしてから頭上の電灯を消した。それから、ふっと、そのろうそくの火も吹き消した。突然、重い闇が周りを包み、人の気配どころか、自分が息をしていることすら感じられなくなった。自分の身にまとわりつく闇に押しつぶされていくようで、窒息する思いである。地底に閉じ込められるとはこういう感じなんだ。ここで、ろうそくを使って働いていた人々は、何度この息苦しさを味わったことだろうか。

人々が必死の思いで作った、狭く細長い坑道のつきあたりでは、戸外で見た小さなせせらぎが豊かな水を湛える川に変身していた。坑道の下を流れてきているらしい。地下二十メートルにできた天然洞穴は、緑青色の水で静かに満たされ、川は蛇行してもう一つの黒黒とした洞穴に向かっていた。水に触れることはできなかったが、地底の川は、昔読んだジュール・ベルヌの冒険小説の世界に誘う不思議な開放感にあふれていた。

ツアーが終わって、まぶしい戸外に戻った。過酷な労働環境であればあるほど、そこで働いた人々が一度は描いた夢の大きさを思い知らされる気がする。

ビネガーヒルに残る鉛採掘小屋

鉛鉱山の噂が広がると、一攫千金を狙う人々がこの地に押し寄せはじめた。イリノイ各地はもちろんのこと、ミズーリやケンタッキー、テネシーなど他州からもやってきた。川沿いの小さな町ガリーナは、フロンティアから、鉛発見に沸く活気あふれた商業の町に発展、人口は、一八二五年の二百人から、三年後の一八二八年には一万人に急成長。当時シカゴの人口はまだ数百人だった時代である。鉛の生産量も、二十三万キロから六百万キロとほぼ三十倍に増加、それをミシシッピ河を使って運び出す船の数も、一八二八年の九十九隻から、一八四二年には三百五十隻を超すまでになった。

ガリーナの鉛は、アメリカの全産出量の八十三パーセントを占め、毛皮に次ぐ重要な産物となって世界中に輸出された。そして現代は――。

ガリーナにある郡博物館の展示を見て初めて私は、鉛が銃弾はもちろんのこと、私たちの日常生活でも、パイプにはんだ、ペンキ、陶器などに使う上塗り薬、クリスタルガラス、電池、ガソリン、エックス線防御物、おもちゃなど数多くに使われているのを知った。一方、展示の横には、「鉛の被害から私たちを守るために」というパンフレットが無造作に何種類もおいてあった。観光地ガリーナの繁栄をもたらした鉛を、単純に〝称えよう〟という観光振興感覚からはほど遠い、無頓着ともいえる正直さに、「やっぱりアメリカだな」と思わず微笑んでしまった。

胎児や幼児はもちろんのこと、大人でも長期間鉛にさらされると、生殖機能に障害が起きたり、高血圧や食欲不振、神経障害、記憶力や集中力の低下など、さまざまな症状を引き起こすという。それを読んで、毎日食べて寝る以外は、ずっと地中の坑道で過ごし、かつてこの地の繁栄を支えた人々は大丈夫だったのだろうか、とふと思った。ガリーナの表向きの歴史が決して語ろうとしない、繁栄の陰のもう一つの〝顔〟ということになろう。

やがてその鉛も枯渇、一八五〇年ごろにはすでに、ガリーナの賑わいもまた、先住民の戦士たちとともに「つわものどもの夢のあと」となった。

※イリノイの農業を変えた鍛冶屋《かじや》ジョン・ディア

動物たちの住みかであり、長年先住民の生活を支えてきた、厚く黒土の覆う豊かな土地にひきつけられたヤンキーたちは、またたくまにプレーリーを切り開き、生産性の高い農場に変えた。南北戦争直前の一八六〇年ごろまでには、プレーリーはイリノイからほぼ消滅、その立役者は、一八三七年にスティールの犂《すき》を発明したヤンキー、ジョン・ディアである。

中西部の、田舎の一本道を車で走っていて苛立ってくるのは、大きな農業用耕作機械の後についたときだろう。緑と黄色の鹿のロゴがトレードマークの、ジョン・ディアの巨大な農機具である。時には、お化け蜘蛛《くも》のように、長い鎌のような足を何本も左右に張り出している機械もあって、道幅をほぼ全部独占して、ゆっくり、ごとごとと動く。そんな「お化け蜘蛛」の後になった時は、自分の〝不運さ〟を恨むことこの上ない。が同時に、「よくまあ、こんなもの使ってるよね」と、アメリカが農業大国であることをあらためて思い知らされる。

ロックリバーのほとりにある、小さく静かな村、グランド・ディツアーに、東部から移ってきたジョン・ディアが、最初に家を建てたホームステッド（入植者の自作農場）がある。イリノイの風景を大きく変えたジョン・ディアの鍛冶屋《かじや》、もしくは家内工場跡が地中から掘り起こされ、立派な博物館になっている。小規模ながらも、さすが大企業ジョン・ディア、と思わせられる展示と設備のよさだ。

博物館で紹介ビデオを見ていて、やっぱりな、とうなずき、納得したことがある。

一八〇四年バーモント生まれのジョン・ディア。小さい時から鍛冶屋としての修業を積み、その仕事の精巧さ、質とサービスはバーモントでも大きな評判を呼んでいた。なぜ彼が鍛冶屋として成功したかというと、小さい時に父親を亡くし、裁縫の内職で家計を支える母親の針をずっと磨いて、母親を助けたからだというのである。母親の裁縫針を磨きながら、少しでも母親を楽にしてあげたい、いい針を作ってあげたいと、自分で考え、針と向き合った知恵が鍛冶屋としての技術に結びついていったに違いない。頭から入る知識ではなく、身体に刻みこむ知恵ほど強力なものはない、と改めて感心したのである。

一八三〇年代にはいり、未知の西部の魅力が東部に伝えられるようになると、若いジョン・ディアも思いきって新天地をめざした。馬蹄《ばてい》直しに農機具の修理と、西部では鍛冶屋が求められていた。イリノイのグランド・ディツアーに腰を落ち着けたのは一八三六年、わずか二日後にはさっそく鍛冶屋のビジネスを始めていた。

鍬《くわ》、斧《おの》、釘、大小の鎌《かま》、蝶つがい、やかん、荷馬車の車輪などなんでも手がけて、パイオニアたちと仕事をしているうちに、かれらがイリノイの土地に不満を抱いていることを知った。プレーリー

イリノイの農業を変えた、ジョン・ディアが作った犂（すき）

の土地は確かに肥沃だったが、草が地中深く根を張った粘りのある土を耕すのは、相当に骨がおれたのである。入植者たちがもちこんだ従来の鋳鉄《ちゅうてつ》の犂《すき》は、ニューイングランドの軽い、砂のような土地では有効だったが、イリノイのプレーリーでは、数歩耕せば、たちどまって犂の先にこびりついた泥をこすり落とさねばならなかった。やっとの思いで耕しても、ひとたび雨が降ったりすると、今度は泥海となって、ますます犂は役立たなくなってしまう。

イリノイに絶望して、東部に帰ろうとするパイオニアたちを見ていて、ジョン・ディアにアイデアが浮かんだ。これまでの三角形の重い鋳鉄ではなく、鋼を犂に使えばどうだろう、それもよく研ぎすまし、形を工夫すれば、自然に泥が落ちるようにできるのではないか。試行錯誤を重ねたジョン・ディアは、翌一八三七年、なめらかな流線形の長靴型で、先が鋭くとんがっている鋼の犂という新製品を世に送り出した。

これが現在、ワシントンＤＣのスミソニアン博物館に展示されている。それほどまでに、アメリカの歴史に大きなインパクトを残す犂となったのである。

軽くて、馬一頭あれば耕作できる新しい犂ができたという評判は、またたくまに中西部に広がり、注文が殺到しはじめた。一八四三年には、ジョン・ディアはイギリスから鋼を仕入れるまでになり、一八四七年、事業拡大のために、鉄道と河川交通に恵まれたミシシッピ河に面する町、モリーンに工場を移した。十九世紀の終りには、全米有数の農業機械会社の一つに成長した。

今日、ジョン・ディアは世界最大の農機具製造会社である。今も本社はモリーンにおかれ、世界百六十カ国に販売拠点や工場をもっている。二〇〇三年には全米ベスト企業百の一つに選ばれた。

再現された鍛冶屋の前に置かれたベンチに腰を下ろして、私は、母親の裁縫針をといでいる少年ジョン・ディアの姿を想像した。そばに、ジョン・ディアが順次改良を重ねていった犂がいくつも並んでいる。知恵は体から生まれる。犂たちがそう語っていた。

※農業州から商業州へ――北部と南部の対立

ジョン・ディアがプレーリーを立派な農地に変えると、今度はサイラス・マコーミックがイリノイに移って来て、農作物収穫機械を発明した。

またたくまにイリノイは、農業州から商業州に変わっていく。農業の近代化と交通手段の発達に

廃れてしまった「イリノイ・ミシガン運河」跡

より、商品作物が作られるようになったからである。

収穫された農産物は、より大きな市場をめざす。十七世紀に——ミシシッピ河を白人で初めて下った——マルケット神父らが構想した、イリノイ—ミシガン運河の建設作業開始は、一八三六年七月である。イリノイには作業員がいなかったので、アイルランドまで直接リクルートにでかけ、貧困にあえぐ人々をかき集めてきて、手作業で作られた。完成・開通したのは一八四八年である。

深さ二メートル、幅二十メートルの運河には十五の水門が作られた。ミシガン湖の標高とイリノイ川のそれとの四十三メートルの落差を、水門で水をせきとめて水の高さを調節しながら、船が航行した。

この運河を使って、イリノイの農民たちは、自分たちが作った穀物を東部に向けて出荷できるようになった。そしてシカゴは、湖そばの小さな村から大都市に成長していく。

膨大《ぼうだい》な費用と長い時間、そして多くの犠牲が払われた運河プロジェクトだったが、鉄道がまもなくこの地にやってくると、運河は取り残され、そのまま廃《すた》れていった。

水路と陸路を確保したイリノイ。シカゴの大きな倉庫には、西部の農場や森でとれた農産物がつみあげられると同時に、フロンティアへの移住者に売るために、東部からの工業製品が保管されていく。

東部からやってきたヤンキーたちが北イリノイの都会化・近代化に着手しはじめると、当然北イリノイに富が蓄積されるようになり、北部が台頭してきた。北から改革的議論が巻き起こるようになると、州南部はこれまで以上に北に顔をそむけはじめた。

南の伝統派は、北の進歩派ヤンキーたちが主張する奴隷制反対論や女性問題に反対した。彼らにとっては、北部人が主張する難解な思想や複雑な組織作り、新しい技術などは関心外で、それよりもむしろ家族の絆を大切にし、集団主義や男性優位の伝統を守ろうとした。彼らが支持したのは、そんな南部の伝統的価値観を旗印にする民主党だった。

一方、北のドイツ系やスカンジナビア系、英国系の人間たちは、すでに母国で政治経済的な近代化を経験していたが、階級社会のためにその恩恵にあずかることなく、アメリカにやって来た人たちである。かれらがもちこんだニューイングランドの近代的な思想、たとえば社会的に上昇できな

ガリーナにあるグラント第18代大統領の像

いのは個人の怠惰ゆえといった思考が、北部にホイッグ党、のちの共和党の強固な土壌を培った。当然ながら、北のビジネス関係者は民主党を嫌った。そのため、政治家たちが州北部と南部の力の均衡をはかろうとすればするほど、州内の緊張は高まっていった。イリノイは、南北戦争を迎えることになるアメリカの国内政治状況をそのまま反映していたのである。

※日本好きだったグラント大統領

南北戦争とリンカーンについては、あえてここでは書かない。ただもう一人、南北戦争に関係したユニークな人物が、鉛で知られたガリーナの町にいた。ユリシーズ・グラントである。

西部戦線の北軍にとって大事だったのは、ミシシッピ河とその支流域を支配下におき、南軍の西部戦線を東部戦線から切り離し、南部を分断することだった。その南部分断作戦で輝かしい功績を

グラントが日本旅行でもらったうちわや絵はがき

残し、南軍のリー将軍に無条件降伏を迫り、戦争を終結させ、のちに大統領まで上りつめた人物である。しかも日本好きだったようなのである。

明治日本からやってきた岩倉具視使節団一行は、シカゴ訪問の二カ月後の一八七二年三月四日、ホワイトハウスで、第十八代グラント大統領と謁見《えっけん》した。その後、条約改正交渉を打ち切ったあと、ヨーロッパに向かう前の七月二十四日にもグラントに会って、離米の挨拶をしたという。

その時のお公家姿の日本人の印象がとてもよかったのだろうか。グラントさん、大統領職を退いた一八七七年から二年間の世界旅行に出て、ヨーロッパからインド、シンガポール、中国と経て一八七九年六月、日本はまず長崎に立ち寄っている。日本には二カ月ほど滞在し、あちこちで大歓迎を受け、日本を満喫した様子だ。アメリカ独立記念日の七月四日には明治天皇に謁見。天皇は洋装で、グラントさんがちょっとおじぎ気味で握手している絵が残っているが、なにやらグラントさんが、映画「ラスト・サムライ」のトム・クルーズに見えなくもない。

ガリーナのグラントの家にあるのは、この旅行中に日本でもらったおみやげの数々である。ダイニングルームには、横浜でもらったという立派な龍の彫刻がほどこされた花瓶、部屋の一つの壁には、東京の大学で行われたレセプションの古い、灰色がかった、ぼけた写真が飾られている。キャンパスには、六千ものさまざまな色の提灯がつるされ、その大半に日の丸と星条旗が描かれていたらしいが、ぼけた写真ではまったく見えない。町の博物館では、グラント歓迎のために日本人に配られたうちわやら、天皇から贈られたという薩摩焼の花瓶、古い神社の絵葉書も展示されていた。

実は、ワシントンDCのスミソニアン博物館にも、グラントが日本人から受け取った絹のタペストリーや大きな花瓶が展示されている。そこで私が学んだこと——ユリシーズ・グラントを漢字で書くと、夭施牙蘭である……グ・ラ・ン・トではなく、牙蘭。明治日本人の英語聴解力に脱帽、である。

※レーガン大統領の足跡をたどる

イリノイはこれまで三人の大統領を輩出した。リンカーン、グラント、そしてレーガン（任期一九八一年一月二〇日—一九八九年一月二〇日）である。リンカーンはケンタッキー州生まれ、グラントはオハイオ州生まれ、そしてレーガンはイリノイ州北部、タンピコ生まれである。

イリノイにレーガン・トレールなるものがある。北部のタンピコ、ディクソンから、南へ下って中部ペオリア近くのユーリカまで、それから西へゲールスバーグとマンマスをつなぐ三角形のルートである。第四〇代アメリカ大統領、ロナルド・レーガンのイリノイでの足跡を辿るものだ。

私自身は、レーガンには何の感慨もない。大統領に就任したニュースにも、アメリカって、昔映画俳優だった人でも大統領になれるけったいな国らしいよ、と思った程度の記憶しかない。配偶者は根っからの民主党で、「レーガンってどんな人だった」と聞いても、「そんなやつのこと、知るかぁ」とそっけない。

どうしてレーガンは人気があるのか。人気は単にイリノイ人の間だけではなさそうである。百科辞典によると、メディアを使ったコミュニケーションの重要性を認識させた最初の人、という評価がなされているらしい。政治家としては、確かに強烈なタカ派のイメージを前面に打ち出したが、実際の行動は極めてしたたか、現実的で、大統領、国家指導者としての安定感があったという。民主党員ですら舌をまかざるを得ないような、建て前と本音を巧みに使いわけることのできる、絶妙なバランス感覚をもっていたとのこと（注一）。

そんなレーガンが生まれたのが、人口千人の小さな町、タンピコにあったパン屋兼レストランの上のアパートの一室である。一九一一年二月六日のことだ。ロナルド・レーガンは純イリノイ産である。しかも、ナンシー夫人もゲールスバーグとゆかりがあるとなると、イリノイ人のレーガン好きも納得がいくというものだ。

　人通りのない週末のタンピコで、レーガンの生まれたアパートだけが〝営業〞していた。一九〇六年九月から、ロナルド・レーガンが生まれてすぐの一九一一年五月まで、四人家族がここに住んでいた。兄のジョンもここで生まれている。

タンピコにあるレーガンが生まれたアパート（二階）

　アパートは思ったよりはるかに広かった。レーガンが最後にここを訪れたのは一九九二年である。

　靴のセールスという父親の仕事の関係で、一家はイリノイで引っ越しを重ねた。人口一万六千人のディクソンの町に、レーガンの少年時代の家がある。一九二〇年、のちの大統領が九歳の時に引っ越してきた家だ。両親はディクソンに十七年間住み、家を五回変わったが、観光スポットとして公開されているのはその最初の家だけである。わずか三年を過ごした借家のこの家の小さなファミリールームは、ロサンゼルス近くにあるロナルド・レーガン記念図書館にも再現されているというから、よほどの思い入れがある家なのだろう。

ドアをあけるとすぐ、狭い急な階段が二階に続いている。階段の一番上に立つと、ころがり落ちそうな安普請の二階に小さな部屋が三つ。実際に昔レーガンが座ったという、レーガンの友人所有だったロッキングチェアーや、レーガンが五年生だったときの先生が寄贈したミシンなどが置いてあった。町で個人的にレーガンを知る人から、レーガンゆかりのものを必死でかき集めたといわんばかりで、その意気込みが、小さな町にとってレーガンの存在がいかに大きいかを物語っていた。

家にはひっきりなしに観光客が来た。隣接しているビジターセンターでは若い女性が、家ではナンシー・メットというおばさんが、休む間もなくオウムのように同じ説明を繰り返しながら、みなを案内した。私が真っ先に彼女に聞いたのは、「ここでガイドになるには、共和党じゃないとだめなの」という、うがった質問。彼女の答えは、「とんでもない。私は前は民主党だったけど、やめて今は共和党です」だった。ディクソンに移ってから変わったの、と私がたたみかけると、ナンシーさんはげらげら笑い、首を振って、それ以前のずっと前、東部にいたころ、と答えた。

そのナンシーさんの自慢は、七十歳の誕生日を祝うために、レーガンが一九八一年にこの家に来た時のことだ。この小さな町に、全州から警察官が集まり、ナンシーさんは厳しいチェックを受けて、現職の大統領のそばに立っていた。大統領になると、ワシントンDCからつれて来た専属シェフが料理したものしか食べられないという。ダイニングルームのテーブルについた大統領に、地元の人がバースデーケーキを作って差し出したが、レーガンはウイップクリームを食べるまねはした

ユーリカカレッジにあるレーガンの胸像

ものの、すぐに背後に立つシークレットサービスに止められ、食べられなかったそうだ。大統領とは、けっこう不自由なものらしい。が、職を離れた一九九〇年にもう一度来て、二日滞在したときは、同じテーブルで町のケータリングサービスのランチをおいしそうに食べたという。

大統領の屈託のない笑い声を聞いたように思ったのは、ナンシーさんがリビングにある暖炉の前のタイルを一枚動かしてみせた時だ。タイルの下にペニー（一セント銅貨）があった。子供時代のレーガンがペニーを隠しておく場所だったという。大統領が来た時も、ペニーを前もっていれておいたとか。タイルの下にペニーを見つけたレーガンの、大きなさぞ楽しげな笑い声は、この小さな家に響きわたったことだろう。

レーガンが経済学と社会学を学んだユーリカカレッジは、そのディクソンから南へ一時間ほど行ったところ、人口五千人のこじんまりとした町ユーリカにある。大学にはもちろんレーガン展示室があって、年代順に資料が並べてあった。キャンパスの一角には、レーガンの胸像を中心にして、「ロナルド・レーガン平和庭園」が作られていた。そばに、ドイツから贈呈されたベルリンの壁の一部が置かれている。一九八二年にはじめてレーガンが、米ソ戦略兵器削減交渉（Strategic Arms Reduction Treaty SART）の構想を発表した「ユーリカ・スピーチ」を記念する場所である。

胸像の下の記念碑に刻まれたスピーチの一部を読んだときに、私ははっきりと、レーガンがイリノイの人間であると確認した。

My duty as President is to ensure that the ultimate nightmare never occurs that the prairies and the cities the people who inhabit them remain free and untouched by nuclear conflict.

「プレーリーと都会と、そしてそこに住む人々が核の脅威にさらされることなく、いつも自由でいられるよう、どんなことがあっても究極の悪夢を回避するのが大統領としての私の責務である」

プレーリー――アメリカの東海岸と西海岸しか知らない人間の口には、決してのぼらない言葉だろう。

大学時代に学生自治会会長となり、カレッジ卒業後はマスコミ界へ。一九三七年にはハリウッドに移り、二十五年間にワーナーブラザーズ社の五十二本の映画に出演。そのあいだに俳優組合活動に積極的に参加、一九四七年十一月から六〇年六月にかけて、全米俳優組合委員長に六回も就任、「ハリウッドがマッカーシーの赤狩り旋風に揺れ、多くの俳優や監督がハリウッドを追われる最も難しい時期に、レーガンはまだ民主党員だったが、巧みなバランス感覚で組織を左右の攻撃から守り、実際的な政治家としての第一歩を踏み出した」（注二）。

単なる俳優業で収まる人間ではなかったのである。女優だったナンシー夫人とは〝赤狩り〟時代に知り合い、のちに結婚。レーガンの政治的キャリアが全米レベルで認められはじめたのが、一九六四年の共和党支持のテレビ演説。そして一九六七年にカリフォルニアの知事に就任している。

「昔映画俳優でもなれた、けったいな」大統領職だが、誰でもなれるわけではないと改めて思った。なるべくしてなったのである。が、二〇〇四年六月に、九十三歳の高齢で亡くなったときはもう、自分がかつて映画俳優やアメリカ大統領といった華やかな世界で活躍したことすら、自らの記憶から消え去っていたに違いない。

人生夢のごとし、とはいうけれど、自らの手ですら自分の人生を握りしめられなくなる時、生きるとは一体どういう意味を持つのだろうか、とふと思った。

（注一）Lloyd H. Efflandt "Lincoln and the Black Hawk War" 五三ページ
（注二）松尾文夫著『銃をもつ民主主義』（小学館）三五五ページ
（注三）前掲書三五八ページ

Ⅵ イリノイ中・西部
——「いつも心にフロンティアを」
自由を求める人々

カーセージにあるビジターセンターに立つモルモン教の教祖、ジョセフ・スミス（左）と兄ハイラム・スミス像

ビショップヒルに保存されているヤンソンの教会

※「宗教大国」アメリカ

南部と北部に比べると、一番最後に入植がはじまったのが、フロンティアのまま取り残されていた中・西部である。

ここに、自由、とりわけ宗教的自由を求めたいくつものグループがやってきて、それぞれのコミュニティを作った。「宗教的自由」――何にも換えがたいアメリカ人の心の拠り所と言っていい。

アメリカは保守的な宗教大国である。妊娠中絶や同性愛など、宗教がらみの問題は、大統領選挙をはじめとする政治から切り離せない。候補者の信条が問われ、大統領による最高裁判事の任命にまで影響するからである。二〇〇八年の大統領選挙には、共和党からモルモン教信者であるミット・ロムニーが出馬、改めて政治と宗教の関係に人々の視線が集まった。一九六〇年、史上初のカソリック信者の大統領となったジョン・F・ケネディは、自らの信仰について演説を行ったほどである。宗教的背景への理解なしには、アメリカは語れないといっても、決して過言ではないだろう。

中部にあるビショップヒルは、聖書だけにもとづく簡素な生活と、原初キリスト教への帰依を主張して、スウェーデンの国家宗教ルター派と対立したエリック・ヤンソンが、一八四六年に作ったコロニーである。「プレーリーにユートピアを」のスローガンを掲げて、寝食をともにし、労働とその成果をすべて、住民で共有するという共同生活の場、コミューンだった。ヤンソンの死とともに、わずか十五年後には消滅したが、短命だったビショップヒルをめざして、千人以上ものスウェーデン人が大西洋を渡ったといわれている。

スウェーデン系移民は、アメリカ社会への同化が容易で、多くの人々は中部から北部に移動、近隣にあった他のスウェーデンコミュニティも、まもなく消えた。しかし、一九九六年九月には、スウェーデン王グスタフ十四世とシルビア王妃がビショップヒルを訪問、今日のスウェーデン系の人々にとって、ビショップヒルは未だ重要な意味をもっている場所のようだ。

※末日聖徒イエス・キリスト教会（モルモン教）

ヤンソンのように一代で消えていった人々もいれば、現代もしっかりと、自分たち独自のコミュニティの歴史を、イリノイの地に刻みこみ続けている人々がいる。その一つが、世界中に千二百万人、全米に六百万人、イリノイには五万人の信者が住むと言われる、末日聖徒イエス・キリスト教会（以下、モルモン教と呼ぶ）の信者たちである。

モルモン教は、一八二七年にニューヨーク州の土の中から出てきた金のプレートに記された文字をジョゼフ・スミスが解読し、一八二九年に「聖典モルモン書」を出版、この書物にその教義の基礎をおく。スミスは自らを予言者であるとし、盛んに伝道を行うようになったが、「一風風変わりな生活様式と一夫多妻という特異の習慣は、他のアメリカ人社会からは容れられず、迫害を受けた」（注一）。

日本での布教活動は、一九〇一（明治三四）年に始まっている。大正時代にいったん撤退したが、戦後、布教が再開された。『平成十四年度版宗教年鑑』（文化庁編）によると、今日、熱心に教会に集う日本人信者数は約二万一千人、宣教師数約千人、礼拝施設は三百以上にのぼる。洗礼を受けた信者数は約十二万人にもなるという。伝統的なキリスト教とは一線を画しながらも、無料の英会話教室や育児教室を通して地道な布教活動が続けられている。日本語が達者なケント・ギルバートやケント・デリカット、斉藤由貴といったタレントが信者であるのはよく知られるところである。

二〇〇四年四月、シカゴの市会議員や州の代表者、副知事たちがユタ州のソルトレークシティまで出かけていった。百六十年以上前、モルモン教徒をイリノイから追放したことを謝罪するためである。

一八四六年、イリノイ州知事トーマス・フォードは、モルモン教徒たちに州を離れるように命じた。その結果、信者たちは、イリノイ西部、ミシシッピ河に面するナウブーからさらに西へ、アイオワ、ネブラスカ、ワイオミングと二千キロを旅して、現在のユタ州ソルトレークシティに安住の地を見出した。

イリノイにはいくつものモルモン史跡がある。その一つ、ナウブーは、今も年間約三十五万人ものモルモン教徒たちが訪れる巡礼の地である。

※モルモン教祖受難の地ナウブー

二〇〇二年五月末。正直言って、非モルモン教徒の私は、ナウブーの町を出て、ほっと一息ついた。町が政治的に分断され、緊張しているのがひしひしと感じられたからである。

ナウブーの人口はわずか千百人である。が、ビジターセンターの駐車場は満杯で、ユタ州からの車がずらりと並んでいた。立派なビジターセンターはもちろんナウブー市のものではない。

なぜこの時期に、あふれんばかりの信者たちがこの地に集まっていたか。一九九九年四月四日に再建が発表され、全世界から三千万ドルの寄付を集めて造られた寺院、もしくは神殿が完成したからである。

迫害され続けた結果、ニューヨーク州、オハイオ州、ミズーリ州と移動し続けたスミスたちが、必死の思いで半分凍ったミシシッピ河を渡り、イリノイに逃げ込んできたのは一八三九年早春のことである。初めて踏んだイリノイの土は、人口四万人のイリノイ最西端の町、クインシーである。アムトラック鉄道も走る州境の要の町である。

モルモン教徒巡礼の地、ナウブーに再建された新神殿

そのクインシーから河沿いに一時間半ほど北へ行ったところに、信者たちは定住した。そして、ヘブライ語で「美しい所」という意味のナウブーと名づけた。

モルモン教徒たちはこの湿地帯に灌漑をほどこし、森を伐採し、道路をつ

スミスとハイラムが入れられた牢屋

くって町の建設にとりかかった。そして、はや二年後には、水力を利用した製材工場や蒸気による製粉所、鍛冶屋、鋳物工場などが作られていた（注二）。

一八四一年四月、いよいよ、ミシシッピ河とその周辺の低地を見下ろすナウブー一の高台で、神殿の建設が始まった。長さ四十メートル、幅二十七メートル、高さ五十メートル、灰色の石灰岩の大きな建物である。ナウブーの人口が二万人にもふくれあがり、イリノイ最大の町となっていた当時、神殿建設は、モルモン教会がもつ権力と富の象徴のようなものだったに違いない。が、町が軍隊までもっていることが知られるようになると、近隣の非モルモン教徒たちは、教会が郡の地方政治にまで影響を及ぼすのでは、と恐れはじめた。

一方、教会内部でも大きな亀裂が生じていた。信者といえども、スミスに反対・批判する人々は、スミスは暴君だ、多妻婚はおぞましい、ナウブー（スミスが市長）の行政は政教分離というアメリカの方針に違反している、市をアメリカの民主主義によって治めるべきだ、と主張した。

教会内外の反対・迫害が激しさを増すなかで、一八四四年、スミス自身は政治的野心をもち、アメリカ大統領選挙に立候補しようとする。が、州知事は、身の安全を守るためにという口実で、スミスと兄ハイラムを、カーセージの町の牢屋に入れた。そして、六月二十七日午後五時ごろ、カーセージ周辺から集まってきた百五十人から二百五十人と言われる暴徒たちが、牢屋に侵入、スミスたちを撃ち殺した。教祖ジョゼフ・スミス享年三十八歳。イリノイにやってきてから、わずか五年後のことである。

ナウブーから南東へ小一時間、索漠《さくばく》として、とりたてて言うほどのものは何もない田舎町カーセージ。ただ、その牢屋だった建物がある一角だけが、いやに美しく観光名所らしく整備され、人々が長い列を作り、ビジターセンターへの入館を待っていた。駐車場には、アイダホやミネソタ、ユタ、オクラホマ、オレゴン、オハイオ、ミズーリ、カンサス、ニュージャージー、インディアナ、コロラド、ウィスコンシン、ネブラスカ、サウスダコタと全米各地、そしてカナダからの車さえ並んでいた。カーセージは、ナウブーと並ぶモルモン教徒の聖地の観がある。

※反モルモン教運動——モルモン教の分派

そのカーセージから西へわずか三十分。ミシシッピ河に面するウォルサの町は、一八四〇年代のイリノイにおける反モルモン運動の拠点である。新聞『ウォルサ・シグナル』を発行、「モルモンが郡をのっとるぞ」と人々を煽り、反モルモンの大キャンペーンを張って、モルモンをイリノイから追放するのに一役買ったのが、トーマス・シャープだった。シャープは、一八四四年六月二十七日付の新聞を発行しなかった。おそらくそれは、シャープ自身がカーセージでの暴動に加わっていたからだろうと考えられている。

反モルモン運動の中心だったトーマス・シャープの店

そのトーマス・シャープの店が今も、さびれたメインストリートに残されている。立派な店構えである。

ガラスごしに中をのぞく。暗い。タイプライター付きの古く大きな印刷機が目にとびこんできた。まるで、今にも店の奥から、頑固で理屈っぽい白髪の老人が眼を光らせて出てきそうである。

教祖がカーセージで殺されたあとも、神殿の建設は続けられ、一八四六年五月一日に一応完成を見た。が、その直後の七月、モルモン教徒はイリノイから追放された。スミスの後継者、ブリガム・

ヤングは大多数の信者を連れて、西のユタ州へ向かった。

それから三十年近く経った一八七二年二月のことである。サンフランシスコから列車でワシントンＤＣに向かっていた岩倉具視使節団は、途中、豪雪に見舞われ、ソルトレークシティで立ち往生してしまった。二週間ほど滞在するあいだに、モルモン教徒たちの生活を観察、七十一歳だったヤングにも面会している。

その後、信者を失ったナウブーの神殿は、一八四八年に放火と見られる火事で破壊され、一八五〇年の嵐で完全に廃墟となった。

その消えた神殿の鍵が、今もクインシーの町に残されている。郡歴史協会の壁に掛けられた、立派な二重のガラスケースの中に、古めかしく、非常に原始的な鍵が、大小十六個並んでいた。一部は曲がっているものの、みんな同じ形というのが、何やら秘密めいた異様なオーラを発していた。


イリノイ北部。グリーン川のほとりにある小さな村、アンボイには、モルモンロードと名づけられた小道がある。多妻婚を否定することで、ブリガム・ヤングと決定的にたもとを分かった信者たちは、ここで、スミスの息子ジョセフ・スミス三世を中心にして分派、一八六〇年四月、「復元・末日聖徒イエスキリスト教会」を作った。父親が暴徒たちに殺された時、わずか十一歳だったジョセフ・スミス三世の新しい人生の始まりでもあった。

その後、復元教会の本部はアイオワ州南部へ、それからミズーリ州インディペンデンス市に移り、今日に至っている。教会のホームページによると、世界五十カ国以上に信者をもち、その数二十五万人である。一九六〇年には日本にも伝えられ、東京と沖縄に礼拝施設がある。

※復活したモルモン教の聖地

二〇〇二年五月一日、ナウブーの神殿は、百六十年前に建っていたのと同じ場所に、再び同じ六階建ての姿を現わした。アラバマから取り寄せられた石灰岩が外壁を飾っている。広大な空に対峙《たいじ》するかのように建つ、巨大な真新しい白い四角な〝塊〟は、太陽の光を受けて、まぶしく輝いていた。神殿の窓から望むミシシッピ河の流れは、十九世紀の当時と変わらないのだろうか。

スミスの命日である六月二十七日までは無料で、しかも信者でなくとも神殿内部に入れるとのことだった。が、六月二十七日以降は、教会に多額の寄付をして、それなりの地位・階級を得た人でなければ入れなくなるという。入場には、少なくとも一時間待ちの長い行列ができていた。ツアーバスも次から次へと到着、にこにこと満面の笑みをたたえた人々があたりにあふれている。ここに私の居場所はない、と内なる声が私にささやいた。

全米から集まった信者で町が賑わっているとき、アイオワ州のダンビルにあるハーモニー・バイブル・チャーチは新聞に全面広告を載せ、モルモン教の教義を疑問視し、編集部あての手紙で〃戦争〃を呼びかけた。と同時に、新聞は、モルモン教徒が再び町をのっとるのではないか、という懸《け》念《ねん》がナウブー市民のあいだで広がっていると伝えている（注三）。

二〇〇二年以降、ナウブーを訪れる観光客は、それまでの年間二十万人ほどから百五十万人に急激に増加、神殿が地域経済に及ぼす力にははかりしれないものがある。事実すでに、モルモン教徒による地元の不動産の買い上げが増加、逆に多くの町の人たちが去っていった。モルモン教徒が買い上げた雑貨店はモルモン教の本屋になったし、町で一番大きなホテルはモルモン教徒所有である。村に若い人の仕事はないから、たぶんこれからは、退職したモルモン教徒の人口が増えるだろうと見られている。市の教会関係者は、キリスト教信者がますます減っていくのでは、と心配する。

二〇〇七年四月十五日付『シカゴ・トリビューン』は、三月に行われた全米ギャロップ調査の結果として、アメリカ人の四十六パーセントがモルモン教に対していい感情をもっていないことを報じている。

モルモン教会が一八九〇年に一夫多妻主義を放棄したあとも、分派したモルモン教原理主義者たちの多妻婚、とりわけ若い十代前半の女性との結婚などが、今なおマスコミに取り上げられたりする。そのため、モルモン教とその信者に対する違和感がきれいに払拭《ふっしょく》されたとはいいがたいのは否

ワシントンDCのスミソニアン博物館にある「サンストーン」

めない。

また同記事は、ナウブーで、元モルモン教徒だった男性がキリスト教牧師となり、殺すぞという脅しを受けながらも、妻とともに「モルモン教の間違いを正す」運動を続けていることも報じている。宗教大国アメリカでは、こういった〝宗教戦争〟は日常の一コマである。

その後、偶然にも私は、ワシントンDCのスミソニアン博物館で、廃墟として朽《く》ちた神殿の壁を飾っていた、「サンストーン」と呼ばれる彫刻を見ることができた。が、モルモンの地イリノイから遠く離れた土地で、神殿の〝痕跡《こんせき》〟を見ても、さすがに何も感じなかった。それは、単なる無機質な石の塊にすぎなかった。

モルモン教会が、トーマス・シャープの思い通りにイリノイを出ていってから百六十一年。

今なおシャープは、現代アメリカ人の心の中に生き続けているのだろうか。それとも、教会がナウブーやカーセージの町にもたらしているものと、人口千九百人たらずのウォルサの町の現在の様子を比べてみると、やっぱりシャープは戦いに負けたということになるのだろうか。

ただ一つ、スミソニアン博物館で改めて納得、再確認したこと――世界中に信者を持つモルモン教は、アメリカ生まれの、確固としたアメリカ文化の一つだということである。

※現代文明を否定する人々――アーミッシュ

つい最近、ペンシルバニア州で悲劇が起きた。アーミッシュの学校が襲撃され、子供たちが殺されたのである。その時、撃たれた少女は、年下の子供を逃がそうと、犯人に「自分を撃ってください」と申し出たという。

事件後も、犠牲者の遺族らは犯人の家族を赦すと伝え、食べ物を与えたという。

事件そのものは、悲しいかな、アメリカではありふれている。が、アーミッシュの暴力を否定し、赦す文化が、どろ沼のイラク戦争を抱えるアメリカ社会には新鮮なものとして伝えられた。

一五二五年、スイスで起こった宗教改革に端を発した再洗礼主義運動は、洗礼は信仰告白をした成人に限る、国は教会の活動や教義に一切関係してはならない、無抵抗主義で国の戦争には参加し

アーミッシュたちの日常の乗り物、黒いバギー

ないと主張した。異端とされた信者たちは迫害され、教会をもたずに家で礼拝を行うようになった。

この運動がオランダに広がり、一五七三年にカソリックの神父メンノ・シモンズが運動に参加、リーダーとなってから、メンノナイト派と呼ばれるようになる。

アーミッシュと呼ばれる人々は、一六九三年、ドイツで牧師ヤコブ・アマンが、メンノナイト派を世俗に迎合しすぎていると批判、より厳しい規律を求めてメンノナイト派から分離独立したときに誕生した。現代文明を否定する生活様式で知られる人々である。

現在、アーミッシュはヨーロッパにはいない。アメリカ二十二州とカナダのオンタリオに住んでいる。大きなコミュニティは、ペンシルバニア以外に、オハイオ、インディアナ、イリノイ、そしてミシガンである。最初の三州にアーミッシュ人口のほぼ八〇パーセントが住む。

イリノイのアーミッシュコミュニティは、アルコラとアーサーにある。全米四番目の大きさで、現在、約百平方キロに四千二百人が住んでいる。一八六五年に新しい土地を求めて、四人のアーミッシュがペンシルバニアからやってきたのが最初で、オールドオーダーと呼ばれる一番保守的な人々である。

だが、アルコラの町そのものに何も変わったところはない。「なんだ、普通の家ばかり。なあんだ、普通の服の人ばっかり。あれ、教会もある。何よ、ここはただの普通の町じゃないの」とぶつぶつ言い続けて、はたと自分の無知、愚かさに気がついた。

どうやら自分は、テーマパークにでも遊びに行くつもりで来たらしい。アルコラに入った途端、現代世界から全く遊離した、電気も電話もない、車も走っていない、とてつもなく異様な世界がぽっかりと浮かんでいるとでも思っていたのだ。この無意識の意識こそ、アーミッシュの人々をステレオタイプでしかとらえられない人間の浅はかさというものだろう。

アーミッシュのロレナ・ホッシュステットラーさんの家で、昼ごはんを食べるツアーを予約していた。アルコラのダウンタウンから数キロ、畑地の間を縫う道をしばらく行くと、轍《わだち》のついたじゃり道が始まる。向こうから馬車がやってきた。黒いバギー（軽装四輪馬車）には、黒服と黒いボンネット（あごでひもをとめる帽子）に身を固めた女の人が三人、険しい表情で乗っていた。

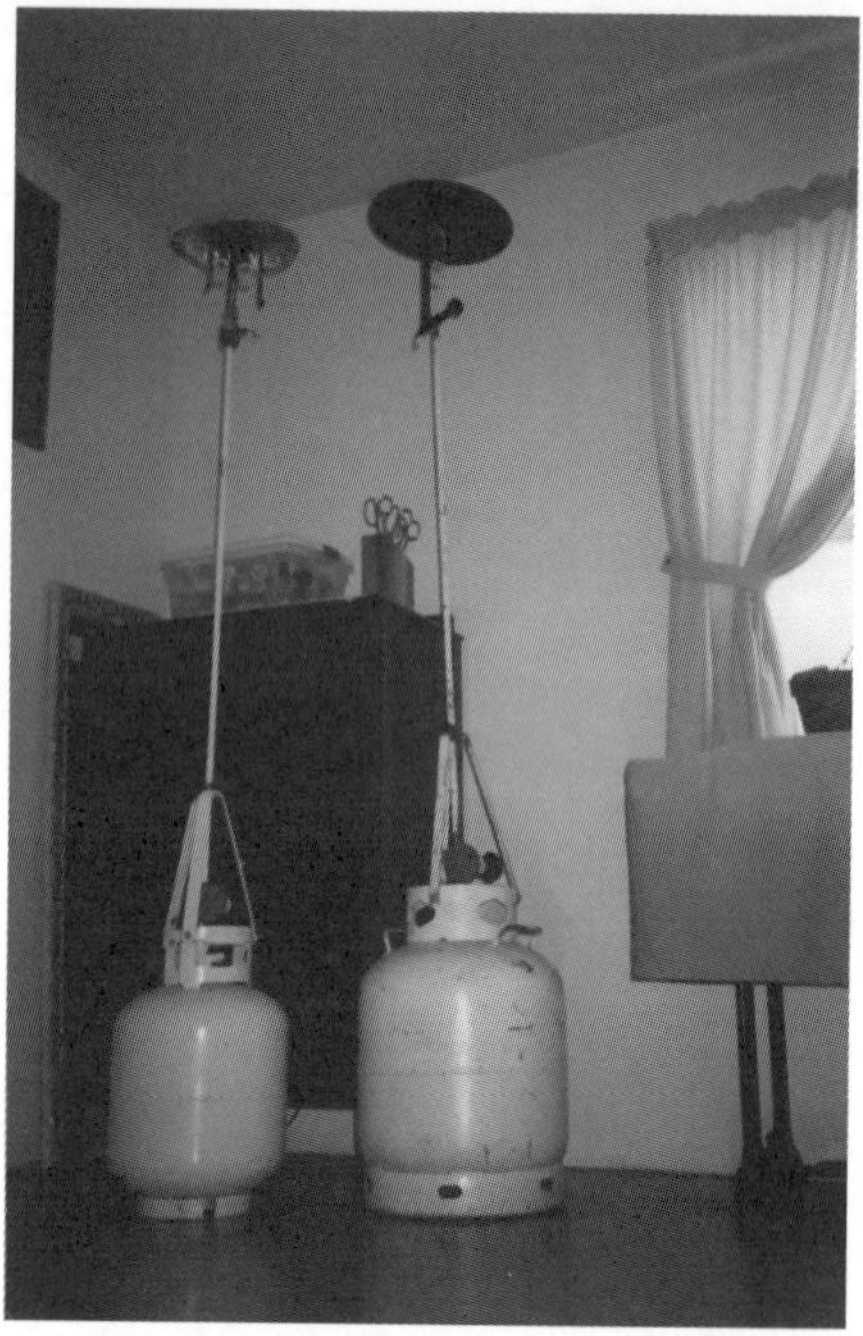

プロパンの灯り。ガス灯のかさはアルミホイルの皿がとりつけてあった。

そうかと思えば、荷台に子供を乗せて、馬の手綱《たづな》をとる男性ともすれ違った。すれ違いざまに、男性はにこやかに手を振った。予期していなかった。ステレオタイプがまた破られた。

「普通」の家とアーミッシュの家との違いは、まず家のペンキの色だ。簡素さを表現するために、アーミッシュの家はただ白い。家の前に黒いバギーが「駐車」してあれば、間違いなくアーミッシュだ。見つかるだろうか、と不安にかられながらも、無事にロレナさんの家に着いた。

〝金持ち〟なのだろうか。大きな白い家の裏庭には、バギーが六台ほど「駐車」してあって、厩《きゅう》舎《しゃ》には馬が何頭もいた。プロパンや自転車もあった。うろうろ、きょろきょろしていると、家の中から、足首まである地味なグレイのワンピースに白いエプロンとボンネットをつけた、眼鏡をかけたおばさんが出てきた。ロレナさんだろう。先着のツアー客といっしょに家の中に入った。客は全部で十一人。家の中は確かに質素である。目につく家具といえば、テーブルに椅子、箪笥《たんす》が三つだけ。壁には額が二つほどかかっていたが、それ以外の装飾品は一切なかった。本は一冊もない。テレビや電話、コンピューターはもちろんない。部屋に二つある灯りも、下にプロパンがとりつけてある。古いシンガー製の足踏みミシンが二台と、大きな裁縫《さいほう》はさみが三本、目についた。天井には、灯りを反射させるためだろうか。アルミホイルの皿がとりつけてあった。

すぐに食事が始まった。白いパンにバター、サラダ、ポテトにグリーンビーン、ホームメイドのヌードルにフライドチキン、ビーフボール（肉団子）にレモン・アップルパイ、コーヒー、紅茶とフルコースだった。

アーミッシュの娘（『20Most Asked Questions about the Amish and Mennonites〈アーミッシュに関する質問集〉』〈Good Books〉の表紙より。「30万部突破！」とある）

面白かったのは、私も含めてツアー客はみんな最初、「アーミッシュの家庭で一体どんなものが出てくるのだろう」と不安げに思い、皿が回ってきてもほんのちょっとしかとらなかったくせに、一口、口に入れて「わあ、おいしい」ということになると、みんな二度、三度とお代わりしたことだ。そのあたりの客の心理を向こうもよく心得ていて、ロレナさんはにこにこ笑っていた。すべてホームメイドという食事はたまらなくおいしかった。文化が感じられた。

食事がすんで台所をのぞくと、人々の寄り合い場所にもなりそうな広い台所で、十八歳ぐらいの女の子が、同じようにグレイのドレスに白いボンネットとエプロンをして、かいがいしく働いていた。自分の娘とえらい違いだ。髪を金色に染め、化粧に余念のない娘に白いボンネットをかぶせることはできない。大きな冷蔵庫にはプロパンガスが使われているのだろう。

※アーミッシュという生き方

人々は、ペンシルバニアダッチと呼ばれるドイツ語方言を家庭と礼拝で話し、学校では、英語の読み書きと、ラテン語同様の教養として古典ドイツ語を習う。コミュニティ内での結束は固い。礼拝は信者の家で持ち回りで行われる。デート、結婚式、葬式などは全部家で行われる。結婚はアーミッシュ同士でないと許されない。外部世界の法律によって離婚は可能だが、アーミッシュのコミュニティからは放りだされる。

州、郡、連邦の税金はもちろん払うが、老人医療保険制度や年金制度には参加しない。高齢者はコミュニティ全体で世話をする。政府に依存することは自給自足、自助の教養に反するからだ。州や連邦の祭日にも従わない。

日本語と日本文化の染みついた身体をひきずり、キリスト教を基盤とする英語世界で生きている私にとって一番興味があるのは、彼らの生き方が、アメリカ主流社会の価値観やライフスタイルとどう折り合いをつけているか、という点である。

資料を読んでいてまず感じたのは、アーミッシュの人々が白人であり、ヨーロッパで異端とされたといっても、キリスト教の一派であることに変わりはないせいか、先住民の宗教のように徹底的に弾圧されたり、シェリダン将軍曰く「いいインディアンとは死んだインディアンだ」式に、民族の抹殺をもくろまれたりするようなことは一切なかったということだ。結局のところ、少数派といえども、アーミッシュは白人主流社会に属するのであり、先住民と連邦政府間の戦争のような政治的な対立はまったくなかったようだ。

しかし、彼らの無抵抗の死生観は政府にとっては〝厄介〟な思想に違いない。第二次世界大戦に徴兵されたアーミッシュの若者たちの九四パーセントは、良心的兵役拒否者となった。

二〇世紀初めからアーミッシュが州政府と争ってきた問題のひとつに、教育問題がある。教育を受ける・受けさせる権利と義務、親権・宗教的自由をめぐる争いである。

一九七一年、連邦最高裁は、州が、アーミッシュの子どもたちを公立高校に強制的に送るのは憲法違反だ、との判断を下した。アーミッシュの教育方針が認められたのである。コミュニティそのものを学校と考える彼らの教育方針とは、まず、学校は八年生まで、教える教科は算数、社会、スペリング、そして保健のみ、科学は教えないというものだ。教師も、州の免許をもたない、同じく八年生までの教育しか受けていないアーミッシュである。高等教育はアーミッシュのモラルに反し、子どもたちをコミュニティから奪うものと考えるらしく、アーミッシュの少年少女たちは、小さい時から、親の監督のもと職業訓練を受ける。女の子たちは、十二歳で料理をマスターするというから、『一歳から始める料理』という本を買ってはみたものの、結局娘のために本を開くことはなかった私としては恥ずかしい限りである。

最近、土地が少なくなり、農業経営もむずかしくなってきたので、木工技術を生かした家具ビジネスや、キルトの制作販売が盛んである。それにつれて、子どもたちへの職業訓練が教育の大きな柱となりはじめた。そこで政府が目を光らせているのが、労働基準法の適用である。法によって、十六歳以下の少年少女たちによる電動工具の操作や、十四歳以下の製造業への従事は一切禁止されている。アーミッシュの伝統は児童労働もしくは児童虐待にあたるのか。労働を覚えることは教育の一環であり、非行を防ぐ、と考えるアーミッシュに対し、子どもの安全確保のため、かつ他の事業者に対してフェアじゃないと、法の無差別適用を主張する政府側。やはり溝を埋めるのは容易ではない。

最近は、ビジネスを通して、非アーミッシュとの接触も増えている。アーミッシュといえば、科学技術を否定する偏狭な人間たちといったステレオタイプで見られることが多いが、実際は電話や電動工具、コピー機、車などは人々のあいだで受け入れられるようになっているという。とりわけ携帯電話は喜ばれているらしい。バギーでは到底無理な長距離の旅行には、知人の車に乗せてもらうのも可能だ。自分が所有することと、科学技術の助けを借りることは別なのだ。

しかしよく考えてみれば、彼らは非常に洗練された判断を随時行っているといえるのではないか。つまり、便利だからとなんでもいち早く受け入れ、迎合したり、意固地になってやみくもに拒絶するのではなく、何をどんな時に、どんな風に使うべきかを考慮、検討し、選択しているのである。

夕食時の電話は迷惑だからと、個々の家庭で所有せず、コミュニティを出た場所に公衆電話の形で留守電をとりつけ、あとでコールバックするといったシステムは十分に納得いくところである。

もちろん彼らもまた、外部世界に対する責任からは逃れられない。バギーの馬蹄《ばてい》が道路を傷つけるので、その修理費としてバギー一台につき、五十ドルの登録費を、町に支払う法案が州議会に提出されたことが大きなニュースになっていた（注四）。

アーミッシュは、非アーミッシュを「イングリッシュ」と呼ぶ。日本人の私も彼らにしてみれば、「イングリッシュ」になるのだろうか。八年生以上の知識はアーミッシュには必要ないと考える人々の世界観に、日本は存在するのだろうか。

「誰がアーミッシュになれるのですか」――アルコラにあるアーミッシュセンターで、私はディレクターのコンラッドさんに聞いてみた。先住民になるには先住民の血が問われる。異人種との混血が進むと、先住民は確実に消滅する。アーミッシュはどうなのか。日本人でもアーミッシュになれるのか。コンラッドさんの答えは、アーミッシュが里子をとって養親《ようしん》になれば、異人種の人でもアーミッシュになることは可能という。つまりアーミッシュであるとは、その教会に属するということで、逆にいえば教会を離れれば、もうアーミッシュではなくなる。

アーミッシュをやめる人は当然のごとくいる。アメリカの、自由と消費金満文化にとり囲まれてアーミッシュであり続けることは、かつて命をかけて信仰を守った先祖たちと同じである。「シンプルな生活をするのは決してシンプルではない」というコンラッドさんの言葉がいやに胸にしみた。

ロレナさんの家を辞して、ゆっくりあたりをドライブした。一時間に十六キロほどのスピードで進むバギーが、田舎道をのんびりといく。車がその横をそっと通りこしていく。のんびりしていいなあ、というありふれた思いがぽっかりと、日常と非日常のぼやけた境界線上に浮かぶ。アーミッシュ経営のスーパーから、グレイのドレスを着た若い女の子が、紙袋を抱えて出てきた。そして、自分のバギーに袋をつみこむと、軽やかに御者台に上がり、手綱をとって馬を動かした。そして行き交う車の間を縫って道路に出、まぶしい陽光をあびながら、田舎道をごとごとと去っていった。

時々、心だけアーミッシュになるのがいいかな、と思った。身体が無意識のうちに吸収していくアメリカのキリスト教的思考や価値観と、人格の核にある日本文化のエッセンスとの日々のせめぎあいにふっと疲れを感じる時、先住民やアーミッシュといった異文化は、私にはさわやかな清涼剤である。

※〝西部劇の名保安官〟ワイアット・アープの生誕地マンマス

一八三〇年代から五〇年代にかけて、イリノイが近代化への道をひた走りはじめた時に、その流れに逆行するかのように、イリノイ中・西部からもっと原始的なフロンティアを求めて、大西部に向かっていった男たちがいる。西部劇で有名な男たち、ワイアット・アープとワイルド・ビル・ヒコックである。

マンマスにあるワイアット・アープの生家

一九九四年にワーナーブラザースが製作した、ケビン・コスナー主演の百九十一分に及ぶ大作映画「ワイアット・アープ」を借りてきて、けっこう夢中になって見ていた。その様子を見ていた高校生の娘が、不思議そうに尋ねた、「その人って、ほんとにいた人なの」。

ワイアット・アープ・ミュージアムを開いているマッツン夫妻

「OK牧場の決闘」と題されたアープの活劇が、ハリウッド映画やテレビシリーズでよく取り上げられてきただけに、伝説として創りあげられた部分は大きい。「徳が高かった」という評価から、女たらしのギャンブラー、盗人、殺人者、詐欺師までかまびすしい。相反するイメージゆえに、ほんとに「ワイアット・アープ」って実在してたの、と疑問に思っても決して不思議ではない。実は、かつて映画狂で鳴らした私自身にも今もってそんな思いがある。

イリノイ州西部にあるマンマスが、アープの生まれた町である。一八四八年三月十九日のことだ。映画ではマンマスの時代は出てこない。

ワイアットは、異母兄のニュートンを含めて、男ばかり六人兄弟の四番目である。父親も入れると、男ばっかり七人の家で、母親のビクトリアにしてみれば、さぞ〝男臭い〟家だったろう。が、「男らしさ」をめぐる兄弟間の軋轢《あつれき》や競争が、彼に強い正義感を育てたのかもしれない。

一家は、ワイアットが二歳の時に、アイオワに移っている。イリノイとの縁はそれっきりだが、それでも地元のマッツン老夫婦が、教師生活を退職後、マンマスでワイアット・アープ・ミュージアムを開いている。観光シーズンには、庭でＯＫ牧場の撃ち合いシーンも再現する。

マンマスカレッジの前の小高い丘の上には、一八三三年から一八六一年まで使われていたパイオニア墓地がある。ここにワイアット・アープの親戚の墓があると聞いた。しばらく歩き回ってようやく、丘の斜面で地面に埋りかけたような小さな墓石を見つけた。「ＷＣ＆Ｐアープの息子、一八五三年八月七日、生後二週間」とあった。マンマスにあるもう一つの墓地には、フランシス・アープ（June 1821-April 1901）やメアリ・アープ（October 1819-April 1891）の名が入った新しい墓がある。マッツンさんによると、ワイアット・アープのおばさんたちとのこと。マンマスの一番の有名人「アープ」の名に恥じないように、と言わんばかりに立派な墓である。

今はもう、弁護士だったワイアットの父親が言うところの、悪と戦うには銃ではなく、法律である時代となった。が、やっぱりいつの時代も人の世は、自分の生き様、命をかけて仕事をまっとうし、「正義の味方」を演じられる人間を必要としているような、そんな気がしてならない。

一九八二年六月、サンフランシスコのファインスタイン市長は「ピストル所持禁止法」に署名した。全米ライフル協会などから同法の違法性を議論する動きもあったが、最終評決で六対四の小差で成立、サンフランシスコは、アメリカの大都市で最初の「ピストル禁止市」になった（注五）。

それから二十五年、サンフランシスコが今もって「ピストル禁止市」とは聞いたことがない。どうやら「ピストル禁止」という法を守るための現代の銃の名手〝ワイアット・アープ〟は現われず、また必要ともされなかったようだ。

※〝ガンマン〟ワイルド・ビル・ヒコックの生誕地トロイグローブ

私はかつてその人の墓を、サウスダコタ州ブラックヒルズの山中に訪ねたことがある。周りを山に囲まれた谷間の小さな町には、今なお狭い通りのあちこちから、酒場で騒ぐ男たちの怒鳴り声や、胸を大きくはだけた女たちの嬌声《きょうせい》が聞こえてくるような雰囲気がある。と、突然、ガンマンが放った銃声が聞こえる。とたん、女の嬌声は甲高い悲鳴にとってかわる。そんな西部劇の世界が売り物の町である。男はそこの酒場「ナンバーテン」でポーカーをしているときに、後ろから頭を撃ち抜かれて死んだ。男が死んだ時、嘆き悲しんだ西部の荒くれ女がいた。男の死後二十七年がたって、女は、男のそばに埋めてくれ、と言い残して五十三歳で死んだ。今二人は、町を見下ろす小高い丘の上にあるマウントモリア墓地で並んで眠っている。町の名は、全米最後のゴールドラッシュに沸き、大西部一の無法者が集まったと言われるデッドウッド、女の名はカラミティ・ジェーン、そして男はワイルド・ビル・ヒコックである。

ヒコックが生まれたのは、イリノイ州中部トロイグローブの村。二〇〇〇年の国勢調査によると、人口三百五人、家屋数百七とのこと。風雨にさらされ、壁が落ちた空き家が目立ち、何せコーラ一杯飲みたくても、店一つ、自動販売機一つない、入ったと思ったらもう出ているような村である。農場に囲まれた、平和を絵に描いたような小さな村で、大西部を駆け抜けた男ワイルド・ビル・ヒコックのメモリアルはすぐに見つかった。州政府が一九二九年に建てた立派な石の記念碑である。

「ジェームス・バトラー・ワイルド・ビル・ヒコック、グレートプレーンのパイオニア。一八三七年五月二十七日にここに生まれる。一八七六年八月二日にデッドウッドで暗殺される。南北戦争では北部支援のため、西部諸州で斥候やスパイとなって働き、またフロンティアでは、エクスプレス・メッセンジャーとなり、法と秩序を守るために貢献した。とりわけ、大西部が女子どもにとっても安全な場所となるように努力した。いつも正義のために、勇気を振るった」

トロイグローブにあるヒコックの木像

記念碑の横に、一九九九年にビル・クラフトという、たぶん地元の人が作ったヒコックの木像がおいてあった。その大きな顔を見た途端、私は思わず大笑いしてしまった。

明日のわが身もわからぬ、フロンティアの荒野を生きた一匹狼の男の精悍《せいかん》さはまったくなし。何やら、チャールズ・ブロンソンが幸せを照れ隠ししながら、それでも喜びを隠しきれないといった風情の、垂れ目で間延びしたくずれた表情だった。これが〝フロンティア・ダンディ〟と呼ばれたワイルド・ビル・ヒコックなの。がっくりもいいところだった。が、まあ、男まさりのカラミティ・ジェーンが惚れた色男ヒコックさんも、時にはこんな顔になった瞬間もあったかもしれない。

よく見かけるヒコックの肖像画によると、ヒコックは百八十七センチの長身で、カスタムメード（特注品）のブーツをはいている。人をひきつけて離さない灰色の目は、見る者をまっすぐ射抜く。黒い帽子をかぶり、金髪を肩まで垂らしている。肩幅は広く、腰は細い。猫のように身軽で、決闘では、どちらの手にコルト銃を握っても正確に的を狙い、敵を撃ち殺した。一つコンプレックスと言えば、ダックとあだなされるような、前に突き出た薄い唇だった。唇を隠すために口ひげを生やしていたらしい。プロのギャンブラーでもあり、とにかく〝クール〟を地でいく早撃ちガンマンが、この平和な村トロイグローブで生まれた。

やせていたが屈強だったジェームスは、おとなしく家業の農業を手伝ったが、同時に銃や射的、決闘に異様な興味を示した。村にいる時からすでに、狙撃《そげき》の名手として知られるようになっていた。そのため両親、とりわけ父親とはあまり仲がよくなかったらしい。

大西部のロマンティシズムにとりつかれて、ヒコックが兄のロレンツォといっしょに、この村を

サウスダコタ州デッドウッドのマウントモリア墓地にあるヒコックの墓。奥にジェーンの墓が見える。

出たのは一八五六年、十八歳の時だった。一度二カ月ほど戻ってきた以外、二度とトロイグローブに帰ってくることはなかった。冒険に満ちた広い別世界を見たあとでは、もうこの平和で単調な村の暮らしに落ち着くことはできなかったろう。保安官や駅馬車の御者、スパイになって活躍、その卓越した銃さばきと治安維持能力が、フロンティアの無法地帯に秩序をもたらした。一八六八年頃には、コロラドで陸軍の斥候《せっこう》となり、先住民キオワ族と戦ったこともあった。が、すぐに除隊している。陸軍の駐屯地は酒場もない僻地で、気晴らしのギャンブルができないから、ということらしい。自分に正直な人はなんとも気持ちがいい。

　ダコタで戦死した第七騎兵隊のカスター将軍のヒコック評（一八七四年）は、「ヒコックは男の中の男だ。自分のことは、尋ねられるまで絶対にしゃべらない。会話は決して卑しくも無礼にもならず、彼の言葉は法律と同じだ」。

うーん、〝男は黙ってー〟を地でいく伝統的な男らしさに、キューンとなる自分に一瞬驚いたものの、やっぱりな、とちょっとがっかりしたのは、ヒコックもまた女性問題で失敗して、人生を見失い、アルコールとギャンブルにのめりこんでいったらしいと知った時だ。

女の私としては、ヒコックの横に埋められているカラミティ・ジェーンのことが気にかかる。カラミティはヒコックの命を助け、結婚し、娘をもうけて離婚、娘は養子に出されたという一説もあるぐらい、カラミティとヒコックの仲は伝説的な恋愛物語に仕立てられてきた。が、亀井俊介はその著作の中で、ヒコックは「〝名保安官〟の代表」「非常な伊達男だった」と好意的だが、なぜかカラミティに関しては、ヒコックと連れ立ってデッドウッドへ行ったの「が事実としても、二人が〝恋人〟だったことにはならない」、「ヒコックとしては、せいぜい面白がって、このあばずれ女とともにデッドウッドに乗り込んだのではないか」（注六）と非常に冷たい。

〝思冬期〟に入った中年女としては、男が世を去ってから四半世紀が経ってもまだ、自分が死んだら横に埋めてほしいと言い残せた女の気持ちをうらやましく思い、その一方で、もしかして好きでもなかった女に、伝説とまでなって永遠に慕われた男の気持ちを想像する。

トロイグローブにあるヒコック像の、ぶざまなまでの照れ隠しの表情は、案外伊達でクールで鳴らした男が天国で感じている、己の末路を女で飾った自分への照れかもしれない。

※戦争の記憶──キャンプ・エリス

太平洋からも大西洋からも遠く離れたハートランド・イリノイにも、太平洋戦争の記憶があちこちに残り、繰り返して語り継がれる。それは、勝者、つまり〝征服することの快感〟を決して忘れまいとする努力であり、また戦争を行う自らを正当化し、あらたな戦争に自らを駆り立てていこうとする自助努力のように感じるのは私だけだろうか。戦争は決して過去の遺物ではなく、常に愛国心を奮いたたせる必需品なのだ。

イリノイでは、第二次大戦前夜の一九三八年ごろから、英国やフランス軍へ物資を供給する軍事産業が盛んになっていた。

私の住む北部デカブでは、一九四〇年代初めに海軍が、「アメリカン・カミカゼ」と呼ばれる、今の巡航ミサイルに先立つ無人のトップシークレットの攻撃機を作っていた。母機からの遠隔操作で目標物に爆弾を命中させる航空機である。ＴＤＲと呼ばれ、九百キロの爆弾を運ぶことができた。太平洋上の日本の船がターゲットだったようだが、戦争の急な展開で、マッカーサー将軍とルーズベルト大統領に反対され、その後開発は中止されたという。

中部への入り口、イリノイ川が流れる小さな町セネカは「プレーリーの造船所」と呼ばれた。一九四一年の真珠湾攻撃後二カ月もたたぬうちに、水陸両用戦車輸送船の製造が開始されたからである。セネカに造船所があったのは戦時中の四年間だけだが、そのあいだに百五十七隻の輸送船が作られた。完成した船舶は、イリノイ川からミシシッピ河へと航行、南下してメキシコ湾に到達してから北アフリカやイタリア、ノルマンディー、太平洋の島々で任務を果たした。

イリノイ州西部のイパバという小さな村では、村の真ん中を鉄道線路が走っている。兵士輸送に使われたのだろう。イパバの北、さえぎるものが何もない平坦な大海原のような広大な土地に、イリノイ最大の陸軍の訓練キャンプ「キャンプ・エリス」があった。

一九四二年初め、太平洋戦争が勃発するとすぐ国防省は、イリノイに訓練キャンプをつくることを決定した。イパバが選ばれた主な理由は、東西を結ぶ鉄道の重要な中継地だったゲールスバーグに近かったからだ。無数の細長い兵舎の群れが、水平線と見間違えるような地平線に向かって見渡す限り並んでいた。

一九四三年四月にオープンしたキャンプ・エリスは、一九四五年十月に閉鎖されるまで、のべ五万人から六万人のエンジニアと医療スタッフを訓練して、戦場に送りこんだ。

このキャンプ・エリスの当時の記録に、「トウジョウ」の名前が残されている。キャンプで行われた、戦争遂行のための資源節約キャンペーンの絵の中である。絵は「トウジョウをたたき落とせ」と題されている。二人の女の子が、「トウジョウ」の顔が書いてある壁に向かって、ブリキ缶を投げ

アストリア村に移設され、キャンプ場として使用されているドイツ人捕虜の兵舎

つけている。当時ブリキが不足していたため、キャンプの入り口に箱を置き、一般市民からブリキ缶を集めていたのだが、缶を捨てる前に〝トウジョウ〟にぶつけておこうというわけである。日本といえば〝トウジョウ〟だったらしい。どこかフィリピン系にも思えるような顔で、私は首をかしげたのだが、憎き敵、〝トウジョウ〟の顔を知っている人間がイリノイの農村に何人いただろうか。

実は、キャンプ・エリスにはもう一つの任務があった。三千人の戦争捕虜を収容できる能力をもっていたのである。キャンプの一角にドイツ村と称された場所があった。周りには何もない隔絶した場所に、十あまりの建物が建っている。

一九四五年六月一日の時点で、イリノイにあった戦争捕虜収容所は全部で十二。捕虜の総数は七千七百三十五人にのぼった。その中で、キャンプ・エリスには二千五十二人のドイツ人捕虜が収容され、最大の捕虜収容所となっていた。

キャンプ・エリスに、ドイツ人捕虜二千六百人余りが最初に連れてこられたのは、一九四三年八月のことである（注七）。捕虜たちは、アメリカ人の働き手がいない農場で、豆やとうもろこし、砂糖大根、トマトを収穫したり、缶詰工場や材木工場で働いた。一週間に六日、一日最大十二時間働き、日給十セントを受け取って、囚われの日々を送っていた。

そのドイツ人の痕跡が、イパバの村から十五分ほど南に車を走らせたアストリア村のキャンプ場にあった。あるプロテスタント教会が所有している、青少年のための夏のキャンプ場である。

森に囲まれ、一面に蓮の花が浮かぶ大きな湖も目の前に広がっている、静かな美しいキャンプ場である。みずみずしい緑に囲まれたキャンプ場のあちこちに、古くて黒い板張りの建物が並んでいた。キャンプ・エリスから運ばれてきた、かつての兵舎である。中はがらんとしていて、窓は小さく、無味乾燥のそっけない建物である。かつての兵士たちの食堂には今もテーブルが並び、キャンパーたちの食堂となっている。建物はあきらかに、かつて私が訪ねたカリフォルニアの日系人強制収容所のバラックよりはるかにしっかりしていた。

私が探していた、ドイツ人捕虜が書き残したという落書きのある建物も、バンクハウスと呼ばれるそんな兵舎の一つだった。捕虜たちの二段ベッドが左右に並んでいただろうと思われる小部屋である。

キャンプ・エリスの兵舎だった建物に残されている、ドイツ人捕虜が書き残したといわれる落書き

探していたものは決して落書きではなかった。部屋の壁は、濃い灰色のペンキで覆われていたが、そこだけがオリジナルのまま残されていた。壁の半分に、青いペンキだろうか、もう消えかかってはいるが、字体にも気配りしたドイツ語が並んでいた。六行のどうやら詩らしい。行のはじめの大文字は赤く特別な書体になっていて、素人目にはアート作品に見えた。少なくとも、絵画の素養がある人だったに違いない。装飾《そうしょく》的な詩の最後には、バラの花が三輪描かれていた。

Immer in sie Melodien Schleicht der eine klong lichein
Noch Ser Geimat mocht ich Ziehen,In das Land boll
SonnenSchein

(Always in melodies a single sound sneaks in. I wish I could travel to my homeland in the country with sunshine.)

(口ずさむメロディに、いつも小さな音が一つしのびこむ。
ああ、陽光まぶしい祖国にある故郷に帰りたい)

有名な詩人の言葉というわけではないらしい。ほんとに六十年以上前のものかな、という思いも一瞬よぎりはしたけれど、カリフォルニアの日系人強制収容所跡にも、日本語を使う日系二世たちが壁に書いた無数の日本語がきれいに残っていたのを思い出した。

敵国のこんな田舎に連れてこられて、日々思うことはただ一つ、早く国に帰りたい……。キャンプ・エリスにつれてこられた捕虜たちは、ポーランド系、オーストリア系、ナチ・反ナチに分けられたというが、イリノイの名もなき土地で、ほとばしる言葉を壁に残さずにはいられなかった人間たちの気持ちは、政治信条とは遠くかけ離れていたに違いない。好き好んでここまでやってきたわけではないのである。戦争は人生を変えてしまう。ほんとに惨《むご》いものだ。

※戦争勝者の傲慢

二〇〇七年十一月十六日付の『シカゴ・トリビューン』に、ナチ狩りの記事が出た。一九四九年にアメリカに入国、一九五四年にアメリカ市民権をとって、シカゴで六十年間、大工として暮らしてきた八十八歳のポーランド人が、いよいよ本国のウクライナに強制送還されることになった。第二次大戦下、ナチの支配下にあった東ポーランド（今のウクライナ共和国）で警察官として働き、十万人以上のユダヤ人をガス室に送り込んだから、というのが送還理由である。二年前には市民権剥《はく》奪《だつ》の判決が出たため、隣人たちが、もう過去の話だ、いい隣人だ、と恩赦を求めてきたが、認めら

リンカーンにある小さな展示場には旭日旗やハーケンクロイツの旗が壁いっぱいに張られていた。

れなかったようだ。

一九七九年、司法省はナチ狩りの特別調査室を設けた。そして、この三十年ほどのあいだに、全米で百七人のナチ関係者を見つけ出し、その大半を国外追放にしてきた。そのうちの二十二人はイリノイで見つかっており、全米最多の数である。このポーランド人は百一人目の〝収穫〟だった。正義の追求に時効はなく、被告の年齢も関係ない、と司法省はいう。戦争は人生を変える。ほんとうに惨いものだ。

そして、惨いからこそ、まるでその惨さを記憶にとどめるのが責務であり誇りでもあるかのように、自らの経験を誇らしげに語る人々がいる。それこそが勝者の傲慢ではないのだろうか。

そう感じたのは、イリノイ中部、無名時代のリンカーンが名付け親となった町、リンカーンでの小さな展示場だった。そこには、第一次大戦から現代のイラク戦争まで、戦場で使われたガスマスクや軍服、ヘルメットなどさまざまな軍用品の数々、そして戦場からもち帰ってきた〝おみやげ〟が、所狭しと集められていた。現代では、もうそんなにたやすく見られなくなっただろうナチ第三帝国の旗――ハーケンクロイツが壁いっぱいに張られ、ヒトラーの写真やメダル、コイン、勲章などもガラスケースにいっぱい並んでいる。

もちろん、そこには日本の古い旭日旗や日章旗もあった。胸を突かれる思いをしたのは、ガラスケースの中の古いマッチ箱を見たときである。ガダルカナルで撃ち落されたゼロ戦の部品とやらと並んで、「つるが」の戦場で拾ってきたマッチ箱と説明にはある。

マッチが何本入ったか非常に疑問に思われるひらべったい箱は、もう薄茶に変色し、今にもつぶれそうだが、箱に描かれた水平線から昇る真っ赤な太陽の絵柄ははっきりと残っている。

昔の若者たちが信じた、いや信じるように徹頭徹尾教育されたこの輝く旭日の絵を見ていると、私がたった一度だけ聞いたことがある、力強い男性合唱の歌声がよみがえった。「見よ東海の空明けて　旭日高く輝けば　天地の生気はつらつと　希望は踊る大八洲……」、「愛国行進曲」である。このマッチ箱を持っていた人はどんな人だったのだろうと、ふと想像した瞬間である。戦後六十年経っても、日本人は敗戦国民だという歴史からは絶対に逃れられないという思いが立ち上った。

経済大国にまで成長した日本だけれど、アメリカには負けたのである。それは厳然たる事実である。日本占領下のフィリピンで使われた軍票も並んでいた。勝利に酔うアメリカ人兵士たちが、意気揚々と持って帰ってき、ここに寄贈したのだろう。イラクの旗もすでに壁にかかっていた。ガラスケースの中をよく見ると、「リメンバー・パールハーバー」や「バイ・アメリカン」のスティッカーも並んでいるではないか。かれらは忘れない、勝つことの快楽を、アメリカ人たる誇りを。

そして最近、我が家の隣人は、庭に大きな国旗掲揚台を作った。私は毎日、リビングルームの窓から、隣家の庭に翻《ひるがえ》る星条旗を見、自分がアメリカ人ではないことを再確認する。

二〇〇七年十一月には、デカブ出身の二十歳の若い女性州兵がクウェートで亡くなった。ロッド・ブラゴジェビッチ州知事は、三日間にわたって夜明けから日没まで、州政府関係のすべての建物に星条旗と州旗を半旗で掲げることを命じた。イラクやアフガニスタンで戦闘が始まって以来、イリノイ州兵から出た十六人目の犠牲者だった。そんな時、隣家の星条旗はひときわ力強く、風に抗って揺れているように見える。

大都市シカゴがあるため、イリノイは民主党州だが、シカゴを一歩離れると、恐らく共和党一辺倒だろう。そして思うのである。アメリカをほんとうに動かしているのは、毎日誇りをもって、鈎十字や旭日旗、そして星条旗を眺めている人々なのではないだろうか、と。

（注一）中屋健一著『アメリカ西部史』（中公新書）六五ページ
（注二）高橋弘著『素顔のモルモン教』（新教出版社）一四七ページ
（注三）San Francisco Chronicle 二〇〇二年四月二十九日付
（注四）Northern Star 二〇〇二年四月十九日付
（注五）『北米毎日』二〇〇二年六月二十八日付
（注六）亀井俊介著『アメリカンヒーローの系譜』（研究社出版）二七七ページ
（注七）Marjorie Rich Bordner From Cornfields to Marching Feet Herrington Publishing Company Texas 1993

【主な参考文献】

❖伊藤一男『シカゴ日系百年史』（シカゴ日系人会、一九八六年）
❖宇佐美滋『アメリカ大統領を読む事典』（講談社プラスアルファ文庫、二〇〇〇年）
❖大橋秀子「金子喜一とジョセフィン・コンガー」（『初期社会主義研究』第一三号、初期社会主義研究会、二〇〇〇年）
❖大橋秀子「金子喜一の生涯―アメリカで社会主義者として生きた明治の日本人」（『歴史研究』第四五・四六号、愛知教育大学、二〇〇〇年）
❖亀井俊介『アメリカンヒーローの系譜』（研究社出版、一九九三年）
❖猿谷要『アメリカを揺り動かしたレディたち』（NTT出版、二〇〇〇年）
❖猿谷要『歴史物語　アフリカ系アメリカ人』（朝日選書、二〇〇〇年）
❖田中彰『「脱亜」の明治維新』（NHKブックス、一九八四年）
❖高橋弘『素顔のモルモン教』（新教出版社、一九九六年）
❖谷川正己『フランク・ロイド・ライトの日本』（光文社新書、二〇〇四年）
❖坪内隆彦『キリスト教原理主義のアメリカ』（亜紀書房、一九九七年）
❖永井荷風『あめりか物語』（講談社文芸文庫、二〇〇〇年）
❖中屋健一『アメリカ西部史』（中公新書、一九八六年）
❖野村達朗『フロンティアと摩天楼』（講談社現代新書、一九八九年）
❖ジェームス・M・バーダマン『アメリカ南部』（講談社現代新書、二〇〇五年）
❖ジェームス・M・バーダマン『ミシシッピ＝アメリカを生んだ大河』（講談社選書メチエ、二〇〇五年）
❖北米エスニシティ研究会編『北米の小さな博物館』（彩流社、二〇〇六年）

❖松尾文夫『銃を持つ民主主義』（小学館、二〇〇四年）
❖森孝一『宗教からよむ「アメリカ」』（講談社選書メチエ、一九九六年）
❖山口由美『帝国ホテル・ライト館の謎』（集英社新書、二〇〇〇年）
❖ジャック・ラング編『手紙のなかのアメリカ』（現代教養文庫、一九八六年）
❖Addams, Jane "Twenty Years at Hull-House"（Bedford/St.Martin's Boston/New York 1999）
❖Bengston, Henry "On the Left in America: Memoirs of the Scandinavian-America Labor Movement"（Southern Illinois University Press Carbondale 1999）
❖Biles, Roger "Illinois: A History of the Land and Its People (Northern Illinois University Press, DeKalb 2005)
❖Bordner, Marjorie Rich "From Cornfields to Marching Feet"（Herrington Publishing Company, Wolfe City 1993）
❖Carrier, Lois "Illinois: Crossroads of a Continent"（University of Illinois Press, Urbana and Chicago 1993）
❖Cronon , William "Nature's Metropolis: Chicago and the Great West"（W.W.Norton & Company, New York London 1991）
❖Dimke, Jamie "A Chronological Timeline of the Life of Ulysses S Grant"（Galena State Historic Sites 2004）
❖Efflandt, Lloyd H "Lincoln and the Black Hawk War"（Rock Island Arsenal Historical Society 1991）
❖Ekberg, Carl "French Roots in the Illinois Country"（University of Illinois Press, Urbana and Chicago 2000）
❖Elmen, Paul "Wheat Flour Messiah: Eric Jansson of Bishop Hill"（Southern Illinois University Press

Carbondale and Edwardsville 1997)
❖Franke, Judith A "French Peoria and the Illinois Country 1673-1846" (Illinois State Museum Society, Springfield 1995)
❖Glowacki, Peggy and Hendry, Julia "HULL-HOUSE" (Arcadia, Chicago 2004)
❖Good, Merle and Phyllis "20 Most Asked Questions about the Amish and Mennonites" (Good Books 1995)
❖Graf, John and Skorpad, Steve "Chicago's Monuments, Markers, and Memorials" (Arcadia, Chicago 2002)
❖Grossman, James R, Keating, Ann Durkin and Reiff, Janice L (eds) "The Encyclopedia of Chicago" (The University of Chicago Press Chicago and London 2004)
❖Hartley, Robert E "Lewis and Clark in the Illinois Country: The Little-Told Story"(Sniktau Public-ations 2002)
❖Hawk, Black "Life of Black Hawk " (Dover Publications, Inc New York 1994)
❖Hostetler, John A "Amish Society" (The Johns Hopkins University Press Baltimore and London 1993)
❖Hu, Hua-ling "American Goddess at the Rape of Nanking The Courage of Minnie Vautrin" (Southern Illinois University Press, Carbondale Ill 2000)
❖Jensen, Richard J. "Illinois: A History " (University of Illinois Press Urbana and Chicago 2001)
❖Larson, Erik "The Devil in the White City "(Vintage 2003)
❖Launius, Roger D and Hallwas, Fohn E "Kingdom on the Mississippi Revisited: Nauvoo in Mormon History"(University of Illinois Press Urbana and Chicago 1996)
❖Lindburg, Richard "Ethnic Chicago " (Passport Books Lincolnwood 1997)

❖Mahoney, Olivia "GO WEST : Chicago and American Expansion" (Chicago Historical Society 1999)

❖Mayer, Harold M and Wade, Richard C "Chicago: Growth of A Metropolis" (The University of Chicago Press, Chicago and London 1969)

❖Mink, Claudia Gellman "Cahokia: City of the Sun"(Cahokia Mounds Museum Society, Collinsville, 1999)

❖Murata, Alice "Japanese Americans in Chicago"(Arcadia 2002)

❖Nagel, James ed "Ernest Hemingway The Oak Park Legacy"(The Universtiy of Alabama Press Tuscaloosa and London, 1996)

❖Newell, Linda King and Avery, Valeen Tippetts "Mormon Enigma: Emma Hale Smith"(University of Illinois Press Urbana and Chicago 1994)

❖Raban, Jonathan "Old Glory: A Voyage Down the Mississippi " (Vintage 1981)

❖Richard , Carl J "The Louisiana Purchase "(The Center for Louisiana Studies, University of Southwestern Louisiana, 1995)

❖Sandburg, Carl "Chicago Poems "(University of Illinois Press Urbana and Chicago 1992)

❖Sinclair, Upton "The Jungle"(Penguin Books 1986)

❖Sparks, Everett L "In Search of the Piasa " (Alton Museum of History and Art, Alton 1990)

❖Straus, Terry (ed) "Native Chicago " (Albatross Press Chicago 2002)

❖Till-Mobley, Mamie "Death of Innocence: The Story of the Hate Crime That Changed America"(A One -World Book, New York 2003)

❖Yannella, Philip "The Other Carl Sandburg"(University Press of Mississippi 1996)

あとがき

イリノイは「ランド・オブ・リンカーン」（リンカーンの土地）と呼ばれます。ケンタッキー生まれのリンカーンが、思春期を過ごしたインディアナから移ってきて、弁護士からアメリカ大統領までキャリアを築き、今も妻や息子たちといっしょに眠っている土地だからです。でも、今の私自身にとっては、「イリノイは〝ランド・オブ・タカコ〟」とでも呼びたい気分でしょうか（笑）。シカゴへはもちろんのこと、州北部各地から南部までよく車を走らせました。州縦断は、時速百三十キロで飛ばして、片道七時間はゆうにかかる道のりです。よくもまあ、と自分でも感心するような寂しい小さな集落まで足を運びました。それでもまだイリノイを書き切っていないという思いがあります。

たとえば、戦前のシカゴで、新聞社の報道写真家として大活躍したジュン・フジタ。アル・カポネの有名なセント・バレンタイン・デー虐殺の写真――撃ち殺されたギャングたちが血を流して、床に仰向けにぶっ倒れている有名な歴史的写真ですが、これはフジタの作品です。他にも彼の多くの報道写真が、シカゴで起きた重要な事件を証言するものとしてイリノイ史に残されていますが、日本ではフジタのことは何も知られていません。彼が一九二三年に自費出版した、英語による短歌集は、アジア系アメリカ文学の草分けとしてアジア系アメリカ史に記録され、英国のケンブリッジ大学の図書館にも収蔵されているというのに。

フジタのシカゴ生活をかいま見ると、日本人排斥《はいせき》の歴史がえんえんと語りつがれてきたカリフォルニア史とはまったく違った、シカゴ・イリノイの土地と人々の魅力にますますひきつけられていくようです。

ほとんど知られていませんが、私が住むデカブには、全米唯一の馬解体工場があります。そして、かつての捕鯨問題同様、アメリカ人が食べない馬肉製造・輸出をめぐるかまびすしい議論が地元メディアを賑《にぎ》わすことがあります。デカブなんて、誰も知らないイリノイの片田舎の町かも知れない。でもどんなに小さな出来事に思えても、より広い世界の動きとより多くの人間の営みから切り離されることは決してありえない。私のイリノイへの興味が種切れになることはありません。

「イリノイといえばとうもろこし」もまた、イリノイのもう一つの顔といっていいでしょう。とうもろこし畑は、大豆と並ぶイリノイ州の動力源です。

今日、全米の七千七百万エーカーの農地で、年間九十一億ブッシェル（一ブッシェルは約三十五リットル）のとうもろこしが生産され、そのうちの約十六億ブッシェル、二〇パーセントがイリノイ産です。アイオワ州に次ぐ全米第二位の生産量で、しかもそのほぼ半分が海外に輸出されています。

日本は、韓国（二億五千五百万ブッシェル）、メキシコ（二億六百万ブッシェル）をはるか下方に押さえて、なんと年間六億五百万ブッシェルもアメリカからとうもろこしを輸入しています。コーンスターチ用が輸入量全体の約九〇パーセントを占めると聞きましたが、「日本に送られるとうもろこしの八〇パーセントはイリノイ産のはず」と、イリノイ州とうもろこし生産者協会の担当者は胸を張りました。この地球上で、アメリカのとうもろこしの最大の輸入国は日本だと知って、ますますイリノイのとうもろこしがいとおしく見えてきたものです。

とうもろこしといえば、『イリノイ農業新聞』が日本から視察団が来たことを報じたことがありました。栽培が禁止された遺伝子組み換えとうもろこし「スターリンク」が、日本に輸入されたとうもろこしの中に混入していたことが確認されたころです。

その後、遺伝子組み換え作物の是非をめぐる議論はほとんど聞かれなくなってしまいました。もうすでに「遺伝子組み換え」は常識として市場に定着、世界中に「理想の食べ物」として出回っているのでしょうか。世界最大の遺伝子組み換え穀物メーカー、モンサント社もデカブに支社を置いていましたが、いつのまにやらいなくなってしまいました。

二〇〇七年は、記録的なとうもろこしの収穫量が予想されています。全米で百三十億ブッシェルとか。天候に恵まれたせいもありますが、最大要因は、地球温暖化対策の一つとして脚光を浴びているバイオ燃料ブームにより、とうもろこしを原料にするエタノールへの期待から、全米でとうもろこし畑が増えたからでしょう。

二〇〇六年十一月、世界の穀物取引の中心地であるシカゴ商品取引所で、とうもろこし先物相場が約十年ぶりの高値をつけました。エタノール生産が急拡大し、その原料であるとうもろこしの需要も大幅に増加するだろうとの思惑からです。

一攫千金のこの好機は見逃せないと、アイオワ、イリノイ、ネブラスカといった中西部コーンベルト地帯では、大豆がとうもろこしに、アーカンソー、ミシシッピといった南部では綿がとうもろこしに化けました。百三十億ブッシェルのうち、三十二億ブッシェルがエタノールに変わる予定で、去年の一・五倍増です。

現在、アメリカには百十五のエタノール工場が稼動中で、その大半がイリノイ周辺州に集中しています。イリノイには建設許可申請中の数も含めると、ゆうに六十を超える工場があります。二〇〇六年八月、州政府は、二〇一七年までに、イリノイ州で供給されるエネルギーの五〇パーセントを、エタノールなど州内で生産される再生可能な代替エネルギーに転換する計画を発表しました。

しかし、とうもろこし畑がいつも〝金貨色〟に輝いて見えるわけではありません。アメリカが消費する自動車燃料全体に占めるエタノールの割合はまだ三パーセントにすぎず、その三パーセントのために、生産するとうもろこしの二十パーセントが消費されるとなると、首を傾げざるを得ないでしょう。もし、全米のエタノール工場が全部稼動すると、アメリカはとうもろこしを輸出するなどころか、輸入しなければならなくなるといいます。アメリカのエネルギー利用が世界の食料を奪う構図です。もちろん飼料も不足し、食肉の生産も半減すると聞きました。そこを狙ってモンサント社が開発したのが、エタノール生産用の遺伝子組み換えとうもろこしだとか。

ああ、とうもろこしをめぐる燃料・食料・飼料の奪い合いの結果、高騰《こうとう》したとうもろこし価格を前に、ほくそえんでいるのは一体誰でしょうか。すでに、エタノール生産による穀物価格の上昇で、消費者食品価格インフレ率は、今後五年間の平均で、七・五パーセントまで上昇するという報告書が発表されています（『北米毎日』二〇〇七年十二月十九日付）。新聞記事を見る限り、知恵をしぼって収入の安定を図り、懸命に働いている農家の人たちではないようです。むしろ彼らは、目先の〝一攫千金〟の向こうに、じっくりと環境問題と向き合い、畑の将来を考えているようです。

そんな一人、私が訪ねたエルマー・ロードさんと奥さんのパールさんは、高さ六十五メートル、羽の長さ二十五メートル、回転の直径五十二メートルという巨大な風車の下で、にこにこと実に満足げでした。

ロードさんが住むメンドータヒルズの大豆畑を吹き渡る風も、今や〝金貨色〟かも知れません。青い空に切りこんでいくかのように、緑の農地から白い風車タワーの林がくっきりと立ち上がっています。二〇〇三年に作られたイリノイ最初の公益ベースのウインズファームで、二千六百エーカー

畑の真ん中に立つ風車

の農地にそびえる六十三の風車タワーから、ピーク時には五十メガワットの電気が生まれ、年間総発電量一億一千万キロワットアワーズが、約一万三千世帯に供給されています。

ロードさんも、自分の三百エーカーの農地に五本の風車タワーを建て、電力会社と三十年の契約を結び、風車タワー一本だけで、とうもろこしを作るよりいい収入になるそうです。電力会社のウエッブサイトによると、だいたい風車タワー一本に三千ドルから五千ドルが地主に支払われるということですから、う〜ん、ロードさん、イリノイの風に吹かれながら座ってるだけで、「風とともに一万五千ドルは去らぬ」かも知れません。

新聞には、自分の庭に小型の風車タワーをたて、屋根に太陽パネルを張り、自分が使う電力ぐらいは自分で作り出し、残った電気は電力会社に売ろうという人や、学校単位で風車タワーを持とうとする校区が紹介されています。そう、自分のことは自分で面倒を見よう――これこそ、かつて東部からフロンティアをめざしてイリノイにやってきた人たちの気概であり、二十一世紀のパイオニア精神と言えるのかも知れません。

そして私は、といえば――環境問題と聞けば、幼いころに身体に刻み込まれた言葉を思い出します。立つ鳥跡を濁さず、と。

広大で肥沃なイリノイの農地がはぐくむいのちと、そのいのちとその土地固有の風土が生む再生可能なエネルギーとの地産地消の循環システムに、いつか必ず消えていくとわかっている自分を時には重ねてみる――去っていく自分に何ができるのだろう。

イリノイの底力は、持続可能な環境と社会をめざして、農地・農業の将来に大きな夢を抱けることにあるのではないだろうか。そう思うと私は心からうれしくなります。

そして、二〇〇八年のアメリカ大統領選挙の行方と二〇一六年の夏季オリンピックのシカゴ開催への期待。民主党候補で、初の女性大統領をめざすヒラリー・クリントン氏はシカゴ出身、初の黒人大統領を狙うバラック・オバマ氏もイリノイ選出の上院議員です。次期アメリカ大統領は共和党か民主党か。女性かアフリカ系か。そして二〇一六年の夏季オリンピックはどこで開かれるのか。シカゴは東京をいい競争相手と見なしています。二〇〇七年十月七日には『シカゴ・トリビューン』

が、東京とシカゴの大きな比較記事を掲載、「日本は開催への熱意が足りない」と紹介して、シカゴの優位性を強く訴えています。ああ、イリノイ、イリノイ……日本の皆さんも、これからしばらくイリノイからは目が離せないのではないでしょうか。

過去八年間、イリノイを知りたいと取材を重ねるあいだに、いろいろな人との新しい出会いがありました。たとえどんなに短い時間であっても、いろいろな形で「多佳子のイリノイ」につきあってくださった方たちとのご縁に改めて感謝します。本書の中の各地の情報は、あくまでも取材時のものであることをお断りしておきます。

そして最後に、ていねいに原稿を読んでいただき、いい本を作りましょうと多くのアドバイスをしてくださった高文研の飯塚直《なおき》営業部長、編集部のみなさん、そして出版を引き受けてくださった梅田正己社長に心からお礼を申し上げます。

二〇〇八年一月、氷点下二〇度の朝、デカブにて

デイ多佳子

デイ多佳子（でい・たかこ）

1955年神戸市生まれ。86年渡米。西海岸のカリフォルニア州バークレーに6年、大西部のサウスダコタ州ラピッドシティで7年を過ごしたあと、さらに東進して、99年から現在のイリノイ州デカブに住む。北イリノイ大学の人事部に勤務しながら、フリーランスライターを続けている。主な関心は、社会言語学と異文化交流、女性・マイノリティ問題。

著書に『アメリカ社会にチャレンジ—活躍する日本女性たち』（明石書店、1992年）、『バナナとりんご—アメリカ・サウスダコタ体験記』（五月書房、1993年）、『アメリカインディアンの現在—女が見た現代オグララ・ラコタ社会』（第三書館、1998年）、『日本の兵隊を撃つことはできない—日系人強制収容の裏面史』（芙蓉書房出版、2000年）、『大きな女の存在証明—もしシンデレラの足が大きかったら』（彩流社、2005年）がある。

※記事中、撮影者・出典の明示のない写真はすべて著者が撮影した写真

観光コースでない シカゴ・イリノイ

●二〇〇八年 四 月 一五 日——第一刷発行

著　者／デイ多佳子

発行所／株式会社 高文研

東京都千代田区猿楽町二－一－八

三恵ビル（〒一〇一＝〇〇六四）

電話 03＝3295＝3415

FAX 03＝3295＝3417

振替 00160＝6＝18956

http://www.koubunken.co.jp

組版／株式会社Web D（ウェブ・ディー）

印刷・製本／精文堂印刷株式会社

★万一、乱丁・落丁があったときは、送料当方負担でお取りかえいたします。

ISBN978-4-87498-400-0 C0036

〈観光コースでない――〉シリーズ

観光コースでない 沖縄 第四版
新崎盛暉・大城将保他著　1,800円
今も残る沖縄戦跡の洞窟や碑石をたどり、広大な軍事基地をあるき、揺れ動く「今日の沖縄」の素顔を写真入りで伝える。

観光コースでない「満州」
小林慶二著／写真・福井理文　1,800円
満州事変の発火点・瀋陽、「満州国」の首都・長春など、日本の中国東北侵略の現場を歩き、克服さるべき歴史を考えたルポ。

観光コースでない 台湾 ●歩いて見る歴史と風土
片倉佳史著　1,800円
台湾に惹かれ、台湾に移り住んだ気鋭のルポライターが、撮り下ろし126点の写真とともに伝える台湾の歴史と文化！

観光コースでない マレーシア・シンガポール
陸　培春著　1,700円
日本軍による数万の「華僑虐殺」や、マレー半島各地の住民虐殺の〈傷跡〉をマレーシア生まれの在日ジャーナリストが案内。

観光コースでない フィリピン ●歴史と現在・日本との関係史
大野　俊著　1,900円
米国の植民地となり、多数の日本軍戦死者を出したこの国で、日本との関わりの歴史をたどり、今日に生きる人々を紹介。

観光コースでない 香港 ●歴史と社会・日本との関係史
津田邦宏著　1,600円
西洋と東洋の同居する混沌の街を歩き、アヘン戦争以後の一五五年にわたる歴史をたどり、中国返還後の今後を考える！

観光コースでない 韓国 新装版
小林慶二著／写真・福井理文　1,500円
有数の韓国通ジャーナリストが、日韓ゆかりの遺跡を歩き、記念館をたずね、百五十点の写真と共に歴史の真実を伝える。

観光コースでない グアム・サイパン
大野　俊著　1,700円
ミクロネシアに魅入られたジャーナリストが、先住民族チャモロの歴史から、戦争の傷跡、米軍基地の現状等を伝える。

観光コースでない ベトナム ●歴史・戦争・民族を知る旅
伊藤千尋著　1,500円
北部の中国国境からメコンデルタまで、遺跡や激戦の跡をたどり、二千年の歴史とベトナム戦争、今日のベトナムを紹介。

観光コースでない 東京 新版
轡田隆史著／写真・福井理文　1,400円
名文家で知られる著者が、今も都心に残る江戸や明治の面影を探し、戦争の神々を訪ね、文化の散歩道を歩く歴史ガイド。

観光コースでない アフリカ大陸西海岸
桃井和馬著　1,800円
気鋭のフォトジャーナリストが、自然破壊、殺戮と人間社会の混乱が凝縮したアフリカを、歴史と文化も交えて案内する。

観光コースでない ウィーン ●美しい都のもう一つの顔
松岡由季著　1,600円
ワルツの都。がそこはヒトラーに熱狂した舞台でもあった。今も残るユダヤ人迫害の跡などを訪ね20世紀の悲劇を考える。

※二〇〇八年四月現在、『観光コースでない沖縄』『観光コースでないフィリピン』は改訂中です。

◎表示価格は本体価格です（このほかに別途、消費税が加算されます）。